CATALOGUE

DE LA

BIBLIOTHEQUE

DE LA VILLE D'AVIGNON.

in - folio.

AVERTISSEMENT

IL serait à désirer que toutes les Bibliothèques éparses dans les divers Départemens qui composent l'Empire Français, fussent toutes classées de manière à faire connaître nos richesses littéraires aussi complétement qu'il est possible. L'importance de cette opération a été si bien sentie par le Ministre de l'Intérieur, dont le zèle pour les progrès des Sciences est sans bornes, qu'il a nommé un Commissaire pour la diriger. C'est d'après les vues de ce Commissaire que, pour seconder et faciliter ses travaux, l'Athénée de Vaucluse a été chargé par le Préfet, qui est en même tems le Président de cette Société, de dresser un Catalogue

A 2

raisonné de la Bibliothèque de ce
Département. Il a été convenu de
suivre à-peu-près l'ordre qu'a observé
le C. de Bure dans sa Bibliographie
instructive , imprimée à Paris en
1763 ; mais sans s'y assujétir aveu-
glément, et en fesant , pour certaines
parties, des développemens qui n'en-
traient pas dans le plan d'une simple
classification de Livres rares. On
trouvera ici des détails qui semble-
ront quelquefois peu intéressans ;
mais si l'on se trouve , comme le
Rédacteur, obligé à déterminer l'édition d'un Livre dont le titre est
déchiré , on sentira le prix de ces
désignations minutieuses du nombre
des pages , de la forme des grandes
capitales , et d'autres objets semblables.

Une entreprise aussi pénible , aussi
longue , et souvent aussi fastidieuse ,

n'aurait jamais été faite sans les encouragemens et les secours du C. Marc-Antoine Bourdon de Vatri, Préfet de ce Département. Si l'on croit devoir quelque reconnaissance à celui qui s'est engagé dans cette vaste carrière, lui-même est obligé de déclarer ici que l'on ne peut, sans injustice, la refuser à celui qui en est le véritable auteur, par l'intérêt qu'il ne cesse d'y prendre, et qui seul peut assurer le succès de ce long travail.

FORTIA D'URBAN.

Avignon, 17 *Nivôse an* 12. 8 *Janvier* 1804.

Nota. Les Manuscrits sont ici, comme dans la Bibliographie instructive, placés avec les imprimés, suivant l'ordre des matières. On en trouvera le Catalogue séparé à la fin de l'Ouvrage.

CATALOGUE DES LIVRES

TANT IMPRIMÉS QUE MANUSCRITS QUI COMPOSENT

LA BIBLIOTHÈQUE

DE LA VILLE D'AVIGNON,

RANGÉS PAR ORDRE DE MATIÈRES,

in-folio.

THÉOLOGIE.

SECTION PREMIÈRE.

L'ÉCRITURE SAINTE, AVEC SES INTERPRÈTES, CRITIQUES, ET COMMENTATEURS.

I. TEXTES ET VERSIONS DE L'ÉCRITURE SAINTE.

§. I. *Bibles en plusieurs Langues, vulgairement appelées POLIGLOTTES.*

Nᵒˢ 1—5. BIBLIA sacra Polyglotta, complectentia Vetus Testamentum, Hebraïco, Græco et Latino idiomate ; Novum Testamentum Græcum et Lati-

num , et Vocabularium Hebraïcum et Chaldaïcum Veteris Testamenti , cum Grammaticâ Hebraïcâ , necnon Dictionario Græco : studio ,
operâ et impensis Cardinalis Francisci Ximenès
de Cisneros. *Compluti de Brocario* , 1514 ,
1515 *et* 1517. *6 vol. in-folio.*

Cette Poliglotte est la première qui ait été faite ; les
exemplaires en sont fort rares , et la valeur en est assez
considérable , puisqu'elle s'est vendue jusqu'à 660 l. 1 s.

De Bure la décrit fort bien dans sa Bibliographie instructive , n° 1 , et je ne répéterai point ici ce qu'il en dit.
J'observe seulement que le titre général que je viens de
donner , est tiré de lui. Il ne se trouve point dans notre
exemplaire où tout est complet d'ailleurs, les titres particuliers
et les errata se trouvant dans chaque volume. Mais il nous
manque le quatrième volume, qui est le dernier de l'Ancien
Testament. C'est par erreur que le dos du sixième volume,
qui est le Dictionnaire Hébreu et Chaldéen, porte l'intitulé
IV. Dans ce sixième volume , les cinq parties dont parle
de Bure , ne sont pas rangées comme dans son exemplaire :
mais toutes les cinq s'y trouvent.

N°. 6. Biblia Hebraïca , eorundem Latina interpretatio Xantis Pagnini Lucensis , Benedicti Ariæ
Montani Hispal. et quorundam aliorum collato
studio , ad Hebraïcam dictionem diligentissimè
expensa. Accesserunt Libri Græcè scripti , qui vocantur Apocryphi ; cum interlineari interpretatione latinâ ex Bibliis Complutensibus petitâ.

L'Approbation datée de Louvain est de 1571.

Novum Testamentum Græcum, cum vulgatâ interpretatione Latinâ Græci contextûs lineis insertâ : quæ quidem interpretatio cùm à græcarum dictionum proprietate discedit, in margine libri est collocata : atque alia Ben. Ariæ Montani in ejus est substituta locum. *Excudebat Petrus de la Rovière.* 1609. *in-folio.* 186 *pages suivies de* 134 *autres des Livres Apocriphes grecs de l'Ancien Testament.*

Cette édition est belle ; l'exemplaire est un peu gâté. Les deux volumes sont reliés ensemble ; mais le titre du premier est à la fin, à la manière des Bibles hébraïques.

Cette Bible d'Arias Montanus n'est que le tome 6 du N° 2 de la Bibliographie instructive ; mais elle est complète en son genre, quoiqu'en un seul volume in-folio, parce que l'édition originale de 1569 à 1572, dont parle de Bure, et qui est en huit volumes in-folio, répète dans ses cinq premiers volumes ceux de la Poliglotte précédente.

N° 7. Biblia Hebraïca, eorundem latina interpretatio Xantis Pagnini Lucensis, Benedicti Ariæ Montani Hispal. et quorundam aliorum collato studio, ad Hebraïcam dictionem diligentissimè expensa.

On voit que la première Poliglotte n'est plus rappelée dans le frontispice de celle-ci, placé à la fin du volume comme dans l'édition précédente. La dernière page, qui se trouve conséquemment la première, renferme toujours l'approbation de Louvain 1571. On y lit de plus : *à Christophoro Plantino excusa.*

Après cette Bible, où l'on ne trouve que l'Ancien Testament, on lit avec une nouvelle pagination :

Novum Testamentum Græcum, cum vulgatâ interpretatione Latinâ Græci contextûs insertâ : quæ quidem interpretatio cùm à græcarum dictionum proprietate discedit, sensum, videlicet, magis quàm verba exprimens, in margine libri est collocata : atque alia Ben. Ariæ Montani Hispalensis opera è verbo reddita, ac diverso characterum genero distincta, in ejus est substituta locum. *Genevæ, excudebat Petrus de la Rovière.* 1619. *in-folio.* 271 *pages suivies d'un long* index, *après lequel on lit avec une pagination nouvelle :*

Romanæ correctionis, in Latinis Bibliis editionis vulgatæ, jussû Sixti V Pontificis maximi recognitis, loca insigniora observata et denuò aucta à Francisco Lucâ Brugensi, Ecclesiæ Cathedralis Audomaropolitanæ Theologo et Decano. Accessit libellus alter, continens alias lectionum varietates, etc. 70 *pages.*

Chronologia sacræ Scripturæ, *et à la fin les Livres grecs Apocriphes du Vieux Testament, comme dans l'édition précédente.*

N°s 8—17. Biblia sacra Polyglotta, studio Guy Michaelis le Jay. *Parisiis, apud Antonium Vitray,* 1628 *et annis sequentibus, usque ad*

1645. 10 *volumes in-folio maximo*, *formâ atlanticâ.*

Cette édition, dont l'exécution est magnifique, et qui passe pour une des plus belles productions de l'Imprimerie, s'est vendue 191ᵗᵗ chez M. de la Vallière. C'est le N° 3 de la Bibliographie instructive, et nous l'avons complète et en bon état, solidement reliée.

Le tome premier est daté : *Lutetiæ Parisiorum. Antonius Vitré.* 1645,

Le second est sans frontispice, et l'on trouve à la fin : *Excudebat Antonius Vitray, Parisiis, anno* 1629.

Le troisième est aussi sans frontispice, et finit comme le précédent.

Le quatrième, de même.

Le cinquième, où sont les quatre Evangiles, est daté de 1630, à la fin.

Le sixième, renfermant les Actes des Apôtres, les Epîtres, et l'Apocalipse, est daté à la fin de 1633.

Le septième contient le Pentateuque Siriaque, Arabe et Samaritain. Sa date est antérieure à celle du volume précédent, étant de 1632.

Le huitième, où se trouve la suite de l'Ancien Testament dans les mêmes langues, est daté de 1642.

Le neuvième contient l'Ancien Testament dans les mêmes langues, sous la date de 1635.

Enfin le dixième complète l'Ancien Testament dans les mêmes langues, ainsi que tout l'ouvrage, sans porter de date au commencement ni à la fin.

N° 18. Biblia universa et Hebraïca quidem cum latinâ interpretatione Xantis Pagnini Lucensis : Benedicti Ariæ Montani Hispal. et quorundam aliorum collato studio ad Hebraïcam dictionem diligentissimè expensa. Cum privilegio S. Cæsareæ Majest : et Elector : Saxon : speciali. *Lipsiæ , impensis Christiani Kirchneri, Bibliop.* 1657. *On trouve à la fin l'approbation de* 1571, *et : Lipsiæ , typis Johannis Wittigau.* 1657.

Ce titre est à la fin , comme dans les éditions de 1609 et 1619, Nᵒˢ 6 et 7. On lit au commencement : *Novum Testamentum Græcum*, etc. , comme dans le Nᵒ 6 ; après quoi on trouve comme dans le Nᵒ 7 : *Accesserunt et huic editioni Libri Græcè scripti , qui vocantur Apocryphi ; cum interlineari interpretatione latinâ ex Bibliis Complutensibus depromptâ. Lipsiæ , impensis Christiani Kirchneri , typis Johannis Wittigau.* 1657. Il y a pour le Nouveau Testament 291 pages , 168 pour les Livres Apocriphes grecs , et l'*index*.

Romanæ correctionis , etc. , comme dans le Nᵒ 7, avec la date de 1657.

Cette édition, que l'on voit être de Leipsick, est plus belle que celles de 1609 et 1619 ; mais c'est la même Poliglotte perfectionnée.

Nᵒˢ 19—24. Biblia sacra Polyglotta , complectentia textus originales, Hebraïcum , cum Pentateucho Samaritano, Chaldaïcum, Græcum , versionumque antiquarum , Samaritanæ, Græcæ LXXII interpretum , Chaldaïcæ , Syriacæ , Arabicæ , Æthiopicæ , Persicæ , Vulg. Lat. cum apparatû , appendicibus , tabulis , variis lectionibus , annotationibus , indicibus , etc. Edidit Brianus Waltonus. *Londini. Roycroft.* 1657. 6 *vol. in-fol.*

De Bure, comme on va le voir, a tort d'ajouter à la date 1657, *et annis sequentibus*, il fallait *et annis præcedentibus*.

Le premier volume, daté de 1657, renferme un grand nombre de Préfaces ou Discours préliminaires, avec le Pentateuque, en douze langues.

Le second volume est sans date au commencement; mais il porte à la fin celle de 1655, que l'on voit être antérieure à la précédente : il continue, l'Ancien Testament dans les mêmes langues, depuis le Livre de Josué jusqu'à celui d'Esther.

Le troisième porte à la fin la date de 1656, et va du Livre de Job à celui de Malachie.

Le quatrième, qui contient les Livres Apocriphes de l'Ancien Testament, est de 1657.

Le cinquième, daté de 1657, renferme les quatre Evangiles. Le Grec y est tiré de l'édition de Robert Etienne, avec la version interlinéaire d'Arias Montanus. Tout le Nouveau Testament s'y trouve.

Le sixième, qui porte un frontispice daté de 1657, est rempli par un appendix, c'est-à-dire, des variantes, des notes et des tables. Ces six volumes sont complétés par les deux suivans.

Nos 25—26. Lexicon Heptaglotton, Hebraïcum, Chaldaïcum, Syriacum, Samaritanum, Æthiopicum, Arabicum et Persicum, digestum et evulgatum ab Edmundo Castello. *Londini. Roycroft.* 1669. *2 vol. in-folio.*

De Bure cite une édition de ce Lexique, qui est aussi de Londres, mais sous le nom de Scott, et la date de 1686.

Celle-ci me paraît mieux assortie à la précédente, étant du même Imprimeur. Le premier volume est orné du portrait d'Edmond Castel, âgé de 63 ans en 1669, et bien gravé.

Le second volume est sans frontispice et sans date.

Cette Poliglotte, qui n'est qu'une copie de celle de Paris, avec des additions importantes dont de Bure donne le détail, mais qui a l'avantage d'être unie au *Lexicon* que Castel a fait pour elle, et qui est un ouvrage très-estimé, s'est vendue jusqu'à 600 francs, réglée en rouge. Notre exemplaire n'a pas ce dernier avantage; mais il est bien relié, et le pareil s'est vendu 300##. Il répond aux numéros 4 et 5 de la Bibliographie instructive.

On trouvera dans la suite de cet ouvrage, la notice d'un ouvrage critique de Walton sur la Bible, duquel de Bure ne dit rien ici, et qui paraît cependant nécessaire pour compléter la Poliglotte précédente, quoique le format de ce septième volume, qui est aussi in-folio, soit un peu moins large.

§. 2. *Pseautier Poliglotte.*

Nº 27. Psalterium Hebræum, Græcum, Arabicum et Chaldæum, cum tribus Latinis interpretatoribus et glossis. *In-folio.*

On lit à la fin : *Impressit miro ingenio, Petrus Paulus Porrus, Genuæ, in ædibus Nicolai Justiniani Pauli, Præsidente Reip. Genuensi Octaviano Fulgoso, anno millesimo quingentesimo sexto decimo.*

Cette édition est belle et curieuse. Augustin Justiniani, qui en est l'Editeur, ne dit rien de la Poliglotte d'Espagne dans sa préface, et ne l'a peut-être pas connue.

§. 3. *Bibles Hébraïques, Chaldaïques, et Arabes.*

Nᵒˢ 28 — 30. Biblia Hebraïca, cum Targum Masora et Commentariis Rabbinorum, Hebraïcè, Chaldaïcè et Rabbinicè, cum Præfatione R. Jacob F. Hhaiim. *Venetiis, Bomberg. 3 volumes in-folio, savoir*: 1. *le Pentateuque en Hébreu, en Chaldéen et en Rabbinique ; 2. Josué, les Juges et les Rois, de la même manière ; 3. les Pseaumes, Job, les Proverbes, et le Cantique des Cantiques.*

Il manque dans cet exemplaire un quatrième volume, qui est celui des Prophètes. Dans aucun des trois il ne se trouve un seul caractère romain.

De Bure ne compte que trois éditions de cet Ouvrage. Il date la seconde, qui est la sienne, de 1549, et la troisième de 1568. Mais Bomberg en a donné quatre, comme on peut le voir dans le titre suivant de Buxtorf. C'est le Nᵒ 8 de la Bibliographie instructive.

Nᵒˢ 31 — 34. Biblia sacra Hebraïca, Chaldaïca, cum Masora, quæ critica Hebræorum sacra est, magna et parva, ac selectissimis Hebræorum interpretum commentariis, Rabbi Salomonis Jarchi, R. Abrahami Aben Esræ, R. Davidis Kimchi, R. Levi Gerson, R. Saadiæ Gaon, R. Jeschajæ, et notis ex authore, quem Baal

Turim vocant, collectis, quibus textus grammaticè et historicè illustratur, in his nunc primùm, post quatuor editiones Venetas, textus Chaldaïcus qui Targum dicitur, à deformitate punctationis et pravitate vocum innumerarum, vindicatus, etc. studio Joannis Buxtorfi, linguæ sanctæ in Academiâ Basileensi Professoris. *Basileæ. Koenig.* 1618. 4 *vol. in-folio.*

On voit par ce titre, que cette Bible hébraïque, qui manque dans de Bure, a paru après les quatre éditions de la précédente dont elle est le perfectionnement, sur-tout étant complétée par les deux Ouvrages suivans.

Nº 35. Tiberias sive Commentarius Masorethicus triplex, historicus, didacticus, criticus, ad illustrationem Operis Biblici Basileensis conscriptus; quo primùm Historia Masoretharum Tiberiensium, sive à quibus Masora conscripta sit, excutitur : quid item tractet, quæ ejus methodus, et quo fine inventa sit, amplè explicatur : secundò clavis Masoræ traditur; tertiò castigationes innumerorum mendorum per universam Masoram proponuntur. *Basileæ. Typis Ludovici Koenig.* 1620. *in-fol.*

Il y a 114 pages de Préfaces ou Commentaires en latin. Le reste est en hébreu.

Nº 36. Johannis Buxtorfii P. Lexicon Chaldaïcum, Talmudicum et Rabbinicum, in quo omnes voces Chaldaïcæ, Talmudicæ et Rabbinicæ....

explicantur;

explicantur, et copiâ exemplorum Targumicorum explanantur. Opus XXX annorum, nunc demùm, post patris obitum, ex ipsiûs autographo fideliter descriptum à Johanne Buxtorfio filio, ling. Heb. in Acad. Bas. Prof. ord. *Basileæ , Koenig.* 1640. *in-folio.*

Après ce frontispice, en est un autre gravé et daté de 1639.

Nº 37. Veteris Instrumenti tomus secundus, Prophetarum Libros atque Hagiographa continens. *in-folio.*

Le frontispice de ce volume est mutilé , et après une Préface latine de Sébastien Munster, il commence à la page 336. Ce n'est que le second volume d'une Bible hébraïque, avec la traduction latine et les notes de Sébastien Munster à côté du texte. Il est évidemment de la même impression et de la même date que le volume suivant.

Nº 38. Evangelium secundùm Matthæum, in Linguâ Hebraïcâ, cum Versione Latinâ atque succinctis annotationibus Sebastiani Munsteri. Ad invictissimum Angliæ Regem Epistola Sebast. Munsteri. Opus antiquum, sed jàm recens ex officinâ Henrici Petri typis evulgatum. *Basileæ.* 1537. *in-folio.*

Ce volume , imprimé comme le précédent , commence par une Epître dédicatoire de Sébastien Munster, datée de Bâle.

Nºs 39 — 41. Biblia Arabica , punctis vocalibus destituta, integra tamen, sacræ Congregationis de

B

Propagandâ Fide jussû edita, ad usum Ecclesia-
rum Orientalium, additis è regione Bibliis latinis,
cum Præfatione latinâ. *Romæ, typis ejusdem*
Congregationis de Propandâ Fide. Anno
1671. 3 volumes in-folio.

Cette édition de la Bible, qui se trouve difficilement,
forme le N° 12 de la Bibliographie instructive. Notre
exemplaire est entier et bien conservé. Les trois frontispices
sont à la fin du volume.

§. 4. *Nouveau Testament Arabe.*

N° 42. Nouveau Testament en Arabe, avec une
Version latine interlinéaire, *sans frontispice; et*
à la fin : Romæ, in typographiâ Mediceâ.
1591. in-folio.

Cette fin est au commencement du volume.

Cette jolie édition, où se trouvent seulement les quatre
Evangélistes, est ornée de belles gravures en bois.

§. 5. *Bibles Grecques.*

On trouvera ci-après, au N° 345, une Bible grecque antérieure à la suivante.

N° 43. Divinæ Scripturæ, nempè Veteris ac
Novi Testamenti, omnia. *Francofurti, apud*
Andreæ Wecheli Heredes, Claudium Marnium,
et Joan. Aubrium. 1597. in-folio.

Cette édition de la Bible est entièrement Grecque, et
fort belle. On trouve quelques variantes au bas des pages.

Nᵒˢ 44 , 45. Vetus Testamentum , secundùm LXX.
et ex autoritate Sixti V Pont. Max. editum : cum
scholiis Romanæ editionis in singula capita dis-
tributis. Omnia de exemplari romano fidelissimè
et studiosissimè expressa. Tomus secundus. *Lu-*
tetiæ Parisiorum , apud Nicolaum Buon. 1628.
in-folio.

Novum Jesu Christi Domini nostri Testamentum ;
Textui Græco conjuncta est Versio Latina Vulgata. *Lutetiæ , etc. comme ci-dessus.*

A la fin de ce volume, comme à la fin du précédent ,
on trouve : *Apud Nicolaum Buon , Sebastianum Chappelet ,*
Antonium Stephanum , et Claudium Sonnium. 1628.

Le premier volume de cette édition grecque et latine ,
calquée sur celle de Rome , nous manque , et cette perte
est d'autant plus fâcheuse , que l'impression est belle et
correcte.

§. 6. *Livres Grecs de l'Ancien Testament.*

Nᵒ 46. Psalterium Græcum, cum Latinâ Versione ,
vel potiùs recognitione Joannis (Crestoni) , Pla-
centini Monachi, cujus præmissa epistola ad Lu-
dovicum Donatum , Episcopum Bergomensem.
Mediolani. 1481. *petit in-folio.*

Je prends ce titre dans la Bibliographie instructive , où
le livre qu'il désigne est numéroté 18. Ce titre manque
dans notre édition , ainsi que l'Epître dédicatoire. L'exemplaire est du reste très-beau et très-bien conservé. La date

de l'année s'y trouve avec celle du jour 20 *Septembris.* Il s'est vendu jusqu'à 941ᶠ, quoique l'antiquité de l'édition en fasse le mérite principal.

N° 47. 2. In Canticum Canticorum Salomonis expositio Regis Matthæi Cantacuzeni, interprete Vincentio Riccardo Clerico regulari. Cum notis ejusdem. *in-folio. Romæ.* 1624. *Superiorum permissu.*

Relié avec un autre ouvrage, que l'on trouvera dans la suite, après le N°. 90.

Cette édition est grecque et latine, tant pour le texte du Cantique des Cantiques, que pour les Scholies de Mathieu Cantacuzène. Il y a de plus une Préface grecque et latine d'Eusèbe de Pamphilie, sur le Cantique des Cantiques, avec de longues Notes latines de Vincent Riccardus.

§. 7. *Nouveau Testament, en Grec.*

N° 48. Joannes Frobenius Lectori S. D. En Novum Testamentum, ex Erasmi Roterodami recognitione, jàm quartùm damus adjectâ vulgatâ translatione. *Basileæ.* 1527. *in-folio.*

Cette édition grecque, qui n'est que la quatrième, comme on le voit par le titre, est accompagnée de deux versions latines ; l'une est la Vulgate, l'autre celle d'Erasme. On trouve en tête un Bref de Léon X, en faveur d'Erasme, daté de Rome, le 10 Septembre 1518.

N° 49. Novum D. N. Jesu Christi Testamentum, à Theodoro Beza versum, ad veritatem græci

sermonis è regione appositi : cum ejusdem annotationibus , in quibus ratio interpretationis reddi-
tur. Additi sunt indices tres. *Basileæ , impensis*
Nicolai Barbirii et Thomæ Courteau. 1559.
in-folio.

Cette édition, où les notes sont en grand nombre, a sur
la suivante l'avantage de renfermer trois Tables des Matières, qui en facilitent l'usage.

N° 50. Novum Testamentum Græcum, cum Lectionibus variantibus Mss. exemplarium , versionum , editionum , SS. Patrum et Scriptorum [Ec-
clesiasticorum ; et in easdem notis. Studio Joannis
Millii. Collectionem Millianam recensuit, novisque accessionibus locupletavit Ludolphus Kusterus.
Excusum Amstelodami , et prostat Lipsiæ apud
Joh. Fridericum Gleditsch et fil. 1710. *Cum*
Privilegiis. in-folio.

Edition recherchée, d'une exécution fort belle ; et dont
les savans font beaucoup d'usage. Elle s'est vendue 40ᶠᶠ.
C'est le N° 14 de la Bibliographie instructive.

§. 8. *Bibles Latines entières.*

Nᵒˢ 51 ; 52. Biblia sacra , *manuscrit sur par-*
chemin , grand in-folio.

On croit qu'il a servi au Pape Clément VII , ou plutôt
à l'Antipape qui a porté ce nom, et qui vivait en 1378.
2 volumes. Les derniers manquent et les deux premiers sont
défectueux. Le premier volume contient le Pentateuque ,

Josué, les Jugès, et Ruth. Le second finit au Livre d'Esther. Ainsi il y avait encore deux ou trois volumes semblables. Les lettres majuscules sont peintes avec le plus grand soin.

N° 53. Autre Manuscrit de la Bible, in-folio très-épais, complet et fort beau, avec des miniatures bien dorées.

Il est au moins du quatorzième siècle.

N° 54. Bible latine, sans frontispice, et où le premier feuillet manque.

L'impression en est très-belle, en caractères ronds, et les grandes capitales en blanc, peintes en rouge avec beaucoup de soin. On lit à la fin de l'Apocalipse avant les tables : *Explicit Biblia impressa Venetiis per Franciscum de Hailbrun et Nicolaum de Frankfordia socios* M. CCCC. XXV. On voit assez clairement que la lettre L a été grattée après le point qui suit le quatrième C. Ainsi cette Bible est de 1475.

N° 55. Biblia sacra Latina, Versionis Vulgatæ. *Impressa Venetiis operâ atque impensâ Nicolai Jenson, Gallici,* 1476.

C'est ainsi, comme l'écrit de Bure, que se trouve indiquée l'édition N° 32 de la Bibliographie, qui la donne pour rare et recherchée par les curieux. Elle est telle dans notre Collection, que celle que décrit de Bure comme se trouvant chez M. Gaignat, et qui a été vendue 80ʟ 1ˢ. Les lettres majuscules sont peintes. Il n'y a point de frontispice. Les *Interpretationes* et le *Registrum* se trouvent à la fin. Un exemplaire, à la vérité superbe, et relié en maroquin bleu, a été vendu 105ʟ.

N° 56. Biblia sacra , *du même format que la précédente , sur laquelle elle paraît copiée à peu de chose près.*

On lit à la fin : *Explicit Biblia impressa Lugduni per Perrinum Lathomi de Lotharingiâ.* 1479. On trouve ensuite les *Interpretationes Hebraïcorum nominum.* Elle manque dans de Bure. Son format est in-folio , ou plutôt grand in-4°. Les lettres majuscules sont en blanc.

N° 57. Biblia , *avec des lettres majuscules peintes à la main sur de petites lettres imprimées.*

On lit à la fin : *Impensis et curâ Nicolai Keslers civis Basilien. Anno legis nove millesimo quadringentesimo nonagesimo primo. Nonâ Januarii.* in-folio. On trouve à la fin : *Translatores Biblie ; Epistole et Evangelia per anni circulum ,* et les *Interpretationes.*

Cette Bible est imprimée en 1491. L'exemplaire est bien conservé , et l'édition est belle.

N° 58. Biblia sacra utriûsque Testamenti , juxtà Hebraïcam et Græcam veritatem , vetustissimorumque ac emendatissimorum codicum fidem diligentissimè recognita. Positis suis locis , ubi opus videbatur , figuris quibusdam. *Coloniæ , Petrus Quentel excudebat anno* 1527. *in-folio.*

L'Editeur de cette Bible , Jean Rudélius , qui date sa Préface de Cologne , le 6 des Ides d'Avril 1527 , se vante de donner pour la première fois l'*Index rerum Biblicarum ,* le *Dictionarium Hebraïcarum vocum ,* et le troisième Livre des Machabées. Il faut croire qu'il ne connaissait pas tout ce qui avait été alors publié. Les lettres majuscules sont imprimées. Il y a quelques gravures. La pagination est diffé-rente pour le Nouveau Testament.

N° 59. Biblia. *Parisiis , ex officinâ Roberti Stephani.* 1528. *Cum privilegio Regis.*

Cette édition est très-belle et à filets. Les lettres majus-cules sont fort bien gravées en bois. Le privilège de Fran-çois I est à la fin, en Français , daté de l'an 1527. Les pages des tables ne sont pas numérotées.

N° 60. La même Bible.

Sans filets ; mais l'exemplaire est mieux conditionné.

N° 61. Bible latine , *in-folio.*

Le frontispice manque. Les lettres majuscules ne sont point gravées , si l'on en excepte les premières de chaque Livre.

Le Nouveau Testament est à part, en 78 feuillets , et à la fin : *Lugduni , excudebat Johannes Crespin , anno trigesimo sexto supra sesquimillessimum.*

Index rerum et sententiarum quæ in Veteris et Novi Testamenti Libris continentur. 1536. 81 *feuillets.*

La vignette du frontispice porte le nom de *Vincentius de Portonariis. Tridino. De Monte Ferrato.*

Hebraïca , Chaldæa , Græcaque et Latina nomina virorum , mulierum , populorum , idolorum , *etc. Væneunt Lugduni apud Vincentium de Por-tonariis.* 1536. 40 *feuillets in-folio.*

La vignette est la même que ci-dessus.

Tout cela ne fait qu'un volume.

N° 62. Biblia. Breves in eadem Annotationes ,

'ex Doctiss. Interpretationibus , et Hebræorum Commentariis. Interpretatio propriorum nominum Hebraïcorum. Index copiosissimus rerum et sententiarum utriusque Testamenti. *Lugduni , ex officinâ Guilelmi Boulle.* 1537.

N.° 63. Biblia utriusque Testamenti juxtà Vulgatam translationem , et eam quam haberi potuit, emendatissimam : additis rerum præcipuis in locis iconibus. *Lugduni , apud Hugonem à Porta.* 1538.

Cette édition est en fort jolis caractères ; les lettres majuscules toutes dessinées , et plusieurs gravures bonnes pour le tems. Elles sont en bois. On lit à la fin de l'Apocalipse : *Excudebant Lugduni Melchior et Gaspar Trechsel , fratres.* 1538.

N.° 64. Biblia sacra , cum Argumentis ad singula capita præfixis , et additionibus marginariis. His accessit locorum insignium Novi Veterisque Testamenti concinnitas , *etc. Lugduni , apud Ægidium et Jacobum Huguetan , fratres.* 1540. *in-folio.*

Plusieurs lettres majuscules sont dessinées , et il y a quelques gravures. On lit à la fin de l'Apocalipse : *Lugduni excudebant Ægidius et Jacobus Huguetan ,* 1540.

Les *Hebraïca , Chaldæa , Græcaque et Latina nomina* sont imprimés à part , avec la même date.

N.° 65. Biblia sacra juxtà Vulgatam quam dicunt æditionem mendis quibus innumeris scatebat , repurgata : annorum à Mundo creato ad Christum

natum computo illustrata. *Cum privilegio Regio.*
Ex officinâ Simonis Colinæi. Parisiis. Mense
Octobri. 1541. *in-folio.*

Belle édition. Les lettres majuscules sont en blanc avec
de petites lettres. Ce n'est qu'au commencement des Livres
qu'on en trouve de dessinées et gravées assez belles.

N° 66.   Bible latine. *Le frontispice manque. On*
lit à la fin : Biblia sacra utriusque Testamenti ,
quâ hucusque Latina utitur Ecclesia. *Excusa*
Lugduni. Anno 1541. *in-folio.* 276 *feuillets.*

Après cette date , on lit : *Interpretationes nom. Heb. Chal.*
Græco. et Lati.

Cet exemplaire est relié en noir. Les lettres majuscules
sont dessinées et gravées.

N° 67.   Biblia sacra ex Santis Pagnini tralatione ,
sed ad Hebraïcæ linguæ amussim novissimè itâ
recognita , et Scholiis illustrata , ut planè nova
editio videri possit. Accessit prætereà Libèr inter-
pretationum Hebraïcorum , Arabicorum , Græcorumque nominum. *Lugduni , apud Hugonem à*
Porta. 1542. *Cum privilegio. in-folio.*

Michael Villanovanus est l'éditeur, et après lui , *Joannes*
Nicolaus Victorius , qui date sa Préface de Lion , 1542. On
lit à la fin : *Lugduni excudebat Gaspar Truchsel.* 1542. Les
lettres majuscules sont celles de l'impression ordinaire.

C'est le N° 36 de la Bibliographie instructive. Il s'est
vendu 102₶ à la vente de M. de la Vallière , et rien ne
manque dans notre exemplaire , qui est tel que le décrit de
Bure , et bien conditionné.

N.° 68. Biblia sacrosancta Testamenti Veteris et Novi, è sacrâ Hebræorum linguâ Græcorumque fontibus translata in sermonem Latinum. *Tiguri*, *excudebat C. Froschoverus.* 1543.

Il y a de nouveaux frontispices pour chaque Livre de l'Ancien Testament, et pour le Nouveau, mais tous avec la même date. On trouve à la fin de longs argumens en vers latins sur tous les Livres de la Bible, même les Apocriphes, *per Rod. Gualth. Tigurinum.* Le tout forme un in-folio très-épais, dont l'impression est belle.

N° 69. Biblia sacrosancta Testamenti Veteris et Novi juxtà Vulgatam quam dicunt æditionem. *Lugduni apud Hugonem et Hæredes Aemonis à Porta.* 1544. *in-folio. Et à la fin : Lugduni, excudebant Joannes et Franciscus Frellonii, fratres.* 1544.

Cette édition est ornée de quelques gravures assez jolies, et les lettres majuscules y sont toutes dessinées.

N° 70. Biblia. His accesserunt schemata Tabernaculi Mosaïci et Templi Salomonis, quæ præeunte Francisco Vatablo Hebraïcarum literarum Regio Professore, summâ arte et fide expressa sunt. Index rerum, etc. *Lutetiæ, ex officinâ Roberti Stephani, Typographi Regii.* 1546. *in-folio. Et à la fin : Excudebat Robertus Stephanus.* 1546.

Les deux gravures en bois que contient ce volume, sont bien gravées, et suffisent pour rendre l'édition supérieure à celle de 1528 du même imprimeur. Les lettres majuscules sont en blanc avec de petites lettres.

N°s 71, 72. Biblia sacra ad optima quæque veteris, ut vocant, tralationis exemplaria, summâ
diligentiâ, parique fide castigata. His adjecimus
Hebraïcarum, Græcarum, cæterarumque pere-
grinarum vocum Interpretationem. *Lugduni,*
apud Sebastianum Gryphium. Anno à Christo
nato 1550. *2 vol. in-folio.*

Dans le premier volume, l'*Index* est avant le frontispice.
Il n'y a point de frontispice au second volume, à la fin
duquel se trouve le Nouveau Testament. La pagination
est différente pour chaque Ouvrage tant de l'Ancien que
du Nouveau. Les caractères de cette édition sont fort gros
et très-beaux. L'exemplaire est réglé de rouge, et bien conditionné.

N° 73. Bible latine, dont le frontispice manque.

Les grandes capitales sont dessinées et gravées, et il y a
beaucoup de figures. La première des pages qui s'y trouvent, commence ainsi : *Summa totius sacræ Scripturæ.*
L'Ancien Testament contient 284 feuillets, tandis que le
Nouveau est numéroté par pages : il en contient 283, après
lesquelles commencent les *Index.* Le titre imprimé manque
dans cet exemplaire ; mais je l'ai trouvé dans un autre
placé parmi les doubles, parce qu'il est en fort mauvais
état. On trouve à la fin : *Lugduni excudebat Joannes Frel-*
lonius. 1551. in-folio. J'ai ajouté cette date à la main sur
l'exemplaire conservé.

N° 74. Biblia sacra, ad optima quæque Veteris
et Vulgatæ Translationis exemplaria, summâ diligentiâ, parique fide castigata. Cum Hebraïco-

rum, Chaldæorum et Græcorum nominum Interpretatione. *in-folio.*

Le frontispice étant déchiré en partie, on ne peut lire le nom de l'Imprimeur ; mais l'édition n'en a pas moins paru mériter d'être conservée, parce qu'elle est belle et ornée de plusieurs gravures en bois assez bonnes. Il y a 1114 pages numérotées, sans les Tables et les Préfaces, au commencement et à la fin. L'exemplaire est réglé de rouge.

N° 75. Biblia sacra ad optima quæque Veteris, ut vocant, Tralationis exemplaria castigata. His adjecimus Hebraïcorum, Chaldæorum, Græcorumque nominum Interpretationem, cum indicibus copiosissimis. *Lugduni , apud Joan. Tornœsium.* 1556. *in-folio.*

Cette édition a aussi des gravures en bois, et l'exemplaire est en bon état ; mais l'impression n'est pas aussi belle que dans la précédente. Il n'y a que 660 pages, et les Tables.

N° 76. Biblia sacra Veteris et Novi Testamenti juxtà Vulgatam, quam dicunt, editionem : Joannis Benedicti Parisiensis Theologi industriâ accuratè recognita et emendata. *Parisiis , apud Gulielmum Merlin et Gulielmum Desboys.* 1564. *in-folio.*

Belle édition, dont les grandes lettres capitales sont gravées en bois. L'exemplaire est réglé de rouge. Le Nouveau Testament a sa pagination à part, ainsi qu'une partie de l'Ancien Testament.

N° 77. Biblia sacra juxtà Vulgatam quam dicunt

editionem. *Lutetiæ , apud Joannem Macæum.* 1564. *in-folio.*

Ce titre est écrit à la main : 'mais on lit à la fin de l'Apocalipse , avant les Index : *Excudebat Floricus Prevost ,* *annò Domini* 1564. L'édition est belle, et les grandes lettres capitales sont gravées en bois. La pagination de l'Ancien Testament est continue jusqu'à la fin ; et celle du Nouveau Testament de même, mais à part.

N° 78. Biblia sacra ad vetustissima exemplaria castigata , necnon figuris et chorographicis descriptionibus illustrata. Accesserunt Hebraïcorum , Chaldæorum et Græcorum nominum Interpretationes , cum indicibus copiosissimis. *Lugduni ,* *apud Guliel. Rouillium.* 1569. *in-folio.*

On a écrit sur le frontispice : *Studio Academiæ Lovaniensis ,* 1547; apparemment parce que cette édition est copiée sur celle de Louvain de cette année , que nous n'avons pas ; car celle du N° 74 ne contient pas un aussi grand nombre de gravures , et n'a pas , comme celle-ci , une Préface de Jean Hentenius , de l'ordre de Saint Dominique, *in Biblia Lovanii anno 1547 excusa atque castigata.* La pagination de l'Ancien et du Nouveau Testament est différente.

N° 79. Biblia sacra Veteris et Novi Testamenti juxtà Vulgatam editionem : ab aliquot Theologis Parisiensibus recognita et emendata , annorumque à mundo condito ad Christum usque natum supputatione illustrata. *Parisiis , apud Sebastianum Nivellium.* 1573. *Cum privilegio. Gros in-fol.*

Cette édition est très-belle. Les grandes capitales sont

dessinées, et il y a un petit nombre de belles gravures en bois. L'exemplaire est réglé de rouge et en bon état.

N° 80. Biblia sacra, juxtà Vulgatam quam dicunt editionem , summâ curâ parique fide repurgata. His adjecimus Hebraïcorum , Chaldæorum , Græcorumque nominum Interpretationem : cum indicibus copiosissimis. *Lugduni , apud Thomam Soubron.* 1594. *in-folio.*

Cette édition est ornée de gravures dont il paraît évident que les planches ont été retouchées. Les grandes capitales sont dessinées et gravées. Il y a 660 pages sans les *Index.*

N° 81. Biblia sacra Vulgatæ editionis Sixti V. Pont. Max. jussû recognita atque edita. *Antverpiæ , ex officinâ Plantinianâ , apud Joannem Moretum.* 1603. *in-folio.*

Superbe édition, à la fin de laquelle , après les *Index ,* on trouve avec un frontispice particulier : *Romanæ correctionis , in Latinis Bibliis editionis Vulgatæ , jussû Sixti V Pont. Max. recognitis , loca insigniora ; observata à Francisco Lucâ Brugensi , Ecclesiæ Cathedralis Audomaropolitanæ Theologo et Decano. Antverpiæ ex officinâ ,* etc. comme ci-dessus.

N° 82. Testamenti Veteris Biblia sacra, sive Libri Canonici priscæ Judæorum Ecclesiæ à Deo traditi, Latini recens ex Hebræo facti , brevibusque scholiis illustrati ab Immanuele Tremellio , et Francisco Junio ; accesserunt Libri qui vulgò dicuntur Apocryphi , *etc.* quartâ curâ Francisci Junii ante obitum. *Genevæ, sumptibus Matthæi*

Berjon. 1617. *en deux parties, avec une troi-*
sième pour les Livres Apocriphes.

D. N. Jesu Christi Testamentum Novum, sive Fedus
Novum, è Græco archetypo, Latino sermone
redditum, Theodoro Beza interprete et jàm ultimò
ab eo recognitum : cui ex adverso additur ejusdem Novi Testamenti Latina translatio, Imanuelis
Tremellii, quam Franciscus Junius recensuit. *Ge-*
nevæ, sumptibus, etc. comme ci-dessus.

On voit que cette édition est protestante.

N⁰ˢ 83 , 84. Biblia sacra Vulgatæ editionis Sixti
V Pont. Max. jussû recognita atque edita. *Lutetiæ*
Parisiorum. Cum privilegio Regis. in-folio.

Cette édition, qui est réglée de noir, est dédiée en latin
au Cardinal de Retz, par les Libraires Fouet, Buon et
Cramoisy. Elle est fort belle, et imitée de celle d'Anvers
1603. Nous n'en avons que le premier et le dernier volume. Le premier va depuis la Genèse jusqu'au Livre de
Judith. Le frontispice du dernier manque ; mais il renferme
tout le Nouveau Testament, et on lit à la fin : *Lutetiæ*
Parisiorum, sumptibus Roberti Fouet, Nicolaï Buon, Sebas-
tiani Cramoisy. Les Libraires sont donc les mêmes, ainsi
que l'édition, et même la reliure.

N⁰ˢ 85 , 86. Biblia sacra Vulgatæ editionis Sixti
V Pont. Max. jussû recognita atque edita. Cum
scholiis plurimùm auctis et emendatis Joannis
Marianæ, et notationibus Emanuelis Sa, Societatis
Jesu Sacerdotum. Addito Petri Lansselii ejusdem
Soc.

Soc. supplemento. *Antverpiæ, ex officinâ Plan-
tiniânâ, apud Balthasarem Moretum, et Viduam Joannis Moreti, et Jo. Meursium.* 1624.
2 vol. in-folio.

Belle édition, avec beaucoup de notes instructives.
L'exemplaire est réglé de noir. Le premier volume finit à
l'Ecclésiastique, et on trouve à la fin les Proverbes de
Salomon, mis en vers latins par Jean Mariana. Le second
volume contient les Prophètes, les Machabées, le Nouveau
Testament, les Livres Apocriphes et les *Index*. On lit à la
fin : *Antverpiæ, ex officinâ Plantinianâ Balthasaris Moreti.*
1624.

N° 87. Biblia sacra Vulgatæ editionis Sixti V
Pont. Max. jussû recognita et Clementis VIII
auct. edita. *Lutetiæ Parisiorum. Sumptibus
Sebastiani Huré, Joannis Jost, et Sebastiani
Huré filii. Cum privilegio Regis.* 1648. *in-fol.*

Belle édition, réglée de noir, de 946 pages avec les Livres
Apocriphes et les *Index*.

N° 88. Biblia sacra Vulgatæ editionis Sixti V
Pont. Max. jussû recognita atque edita. *Lugduni,
sumptibus Claudii Bourgeat.* 1669. *Cum approbatione Doctorum. Grand in-4°.*

L'exemplaire est réglé de noir. L'édition est belle et
contient 1055 pages, avec les Apocriphes et les *Index*.

N° 89. Biblia sacra Vulgatæ editionis Sixti V
Pont. Max. jussû recognita atque edita. Versiculis

C

distincta. *Lugduni, sumpt. Petri Guillimin et Ant. Beaujolin. Cum privil. Regis.* 1680.

Cette édition, du même format que la précédente, n'est pas à beaucoup près aussi belle. Elle est divisée en deux parties, dont la première commence l'Ancien Testament. La seconde l'achève, et contient de plus le Nouveau Testament, les Livres Apocriphes et les *Index.*

N° 90. Biblia sacra Vulgatæ editionis Sixti V. Pont. Max. jussû recognita atque edita : versiculis distincta. *Lugduni, ex typographiis Petri Guillimin, Ant. Beaujollin, et Ant. Laurent.*

Après ce frontispice gravé, se trouve celui-ci imprimé :

Biblia sacra Vulgatæ editionis Sixti V Pontificis Maximi jussû recognita ; et Clementis VIII auctoritate edita ; distincta versiculis, cum Indice materiarum, necnon Epistolarum, et ·Evangeliorum. *Lugduni, apud Antonium Laurens.* 1684. *Cum privilegio Regis. in-folio.*

Belle édition, divisée en deux parties comme la précédente.

§. 9. *Psautiers, en Latin.*

N° 48. 1.

Ce volume relié avec N° 48, 2 ; dont j'ai parlé en son rang, manque de frontispice ; mais on peut y suppléer par le N° suivant qui renferme une autre édition du même ouvrage.

On lit à la première page, sur trois colonnes : *Psalte-rium Gallicum, Romanum, Hebraïcum.* in-folio.

Ces trois versions sont latines, mais d'après différens textes. On lit à la fin, feuillet 294 : *Absolutum fuit hoc quincuplicis Psalterii opus in cœnobio Santi Germani propè muros Parisienses anno 1508 et in Parisiorum gymnasio ex calcòtypa Henrici Stephani officinâ è regione scholarum decre-torum ad secundam et castigationem et emissionem susceptum anno 1513.*

Cet ouvrage est absolument le même que le suivant.

N° 91. Quincuplum Psalterium : Gallicum, Ro-manum, Hebraïcum, Vetus, Conciliatum. *On lit ensuite une pièce de vers latins, faits par Petrus de Pratis en l'honneur de le Fèvre d'Étaples, Auteur de ces cinq Versions des Pseaumes.* in-folio.

A la fin de cette édition, qui paraît antérieure à la précédente, quoique la date en soit postérieure, on lit : *Huic operi extrema manus apposita est anno 1515, arte Petri Olivier impressoris, ære et expensis Michaelis Angier Uni-versitatis Cadomensis Librarii et Ligatoris.*

§. 10. *Bibles Latines et Françaises.*

N° 92. La sainte Bible contenant le Vieil et Nou-veau Testament, en Latin selon l'édition Vul-gaire, et en François de la traduction des Doc-teurs catholiques de l'Université de Louvain : avec les figures et argumens. *A Rouen, chez David du Petitval, et Jean Berthelin.* in-folio.

On lit à la fin : à Rouen, de l'Imprimerie de David, et Pierre Geoffroy. 1648.

Le latin est en caractères italiques.

N°s 93—96. La sainte Bible traduite en François, le Latin de la Vulgate à côté, avec de courtes Nottes tirées des Saints. Pères et des meilleurs Interprètes, pour l'intelligence des endroits les plus difficiles ; et la Concorde des quatre Evangélistes, en Latin et en François. Nouvelle édition, enrichie de Cartes géographiques et de Figures ; avec les Traitez de Chronologie et de Géographie ; les sommaires des Livres tant du Vieux que du Nouveau Testament ; et de toutes les Tables tirées de la grande Bible Latine d'Antoine Vitré. *Deux tomes en quatre parties reliées en quatre volumes in-folio. A Liège, chez Jean-François Broncart, Imprimeur et Marchand Libraire. Avec approbation. 1701.*

Cette traduction est celle de Lemaistre de Sacy. L'édition de Paris 1715, qui fait le N° 63 de la Bibliographie instructive, ne s'est vendue que 50#. Celle-ci est belle, et l'exemplaire bien conditionné.

N°s 97—99. La sainte Bible traduite en François, le Latin de la Vulgate à côté, avec de courtes Notes tirées des Saints Pères. *A Liège, chez Broncart. Avec privilège. 1702. 3 vol. in-fol.*

Les planches ne sont pas si belles ici, que dans l'édition précédente.

§. 11. *Bibles Françaises.*

N° 100. Le premier Volume de la grant Bible en
François historiée et corrigée nouvellement avec
le Psaultier. *In-folio avec figures gravées en
bois , ainsi que les grandes capitales.* 256
feuillets.

Le prologue , placé derrière le frontispice , dit que :
« A esté ceste Bible en Françoys la première foys impri-
» mée à la requeste du très-crestien Roy de France Charles
» VIII de ce nom , et despuys a esté corrigée et impri-
» mée et avec ce adjousté le Psaultier ». On lit à la fin :
« Finist le premier volume de la grant Bible en Françoys
» hystoriée et corrigée nouvellement avec le Psaultier.
» Imprimée à Lyon. »

Le second et le troisième volumes , contenant les Prophètes et le Nouveau Testament , manque , ainsi que la
date de l'année. Mais cette édition paraît la même que la
suivante , dont le premier volume a le même nombre de
feuillets et les mêmes gravures.

N° 101. Bible Française complète , *à l'exception
du frontispice du premier volume , que l'on
verra dans l'exemplaire précédent.*

Celui-ci contient trois volumes in-folio. Il n'y a de titre
qu'au second , ainsi qu'il suit :

Le second Volume de la grant Bible en françois historiée et corrigée nouvellement.

Le Psautier se trouve à la fin du premier volume ,

ainsi que l'annonce le prologue dans l'exemplaire précé‑
dent, mais non dans celui-ci où le prologue manque avec
le frontispice.

Les caractères de cette édition, et conséquemment de
l'exemplaire précédent, sont gothiques.

N° 102. Le premier Volume de la Bible en Fran‑
çoys. 1 *volume in-folio, avec figures gravées
en bois.*

On trouve au commencement, derrière le frontispice ;
un prologue où entr'autres choses on lit ce qui suit :
« A esté ceste Bible en Françoys la première foys imprimée
» à la requeste du très-crestien Roy de France Charles
» huytiesme de ce nom : et depuis a esté corrigée et im-
» primée et avec ce adjousté le Psaultier afin que la Bible
» fust toute complette. »

Le second Volume de la Bible en Françoys.

Ce second volume est relié avec le premier, et on lit à
la fin : « A esté imprimée ceste Bible en Françoys hystoriée
» pour Jacques Saçon, Libraire demourant à Lyon l'an de
» grace mille cinq cent dix-huit, le vingtième jour de May. »

Cette Bible est évidemment la même que la précédente
dont elle est la copie, excepté que la précédente forme
trois volumes par sa pagination, et celle-ci seulement deux.

N° 103. Même Bible que la précédente, excepté
qu'on lit à la fin : « A esté imprimée ceste Bible
» en Françoys hystoriée pour Pierre Bailli Mar‑
» chant Libraire demourant à Lyon l'an de grace
» 1526 le 14 jour de Décembre. »

Les figures sont gravées en bois, les grandes capitales

dessinées, et les caractères gothiques dans ces deux éditions et la suivante.

N° 104. Le premier Volume de la Bible en Françoys. *On les vend à Lyon en la maison de Pierre Bailli Marchant.*

Le second volume est sans frontispice, et, à l'exception du frontispice que l'on vient de lire pour le premier, tout le reste de cette édition est comme dans la précédente dont elle est la réimpression datée à la fin, de 1531.

N° 105. La sainte Bible nouvellement translatée de Latin en François, selon l'édition latine, dernièrement imprimée à Louvain : reveue, corrigée, et approuvée par gens sçavants, à ce députez. A chascun Chapitre sont adjouxtez les sommaires, etc. *A Louvain, par Bartholomy de Grave : Anthoine Marie Bergagne : et Jehan de Waen. 1550. Au moys de Septembre. Avec grace et privilege de la M. Impériale. in-folio.*

Cet exemplaire est réglé de rouge, et l'on a eu soin d'y relier, écrits à la main, les feuillets qui manquaient à l'imprimé après le feuillet 36 du Nouveau Testament. L'impression est en caractères romains.

N° 106. La sainte Bible. *A Lyon. Par Jan de Tournes. 1557. in-folio.*

Cette Bible, qui est différente de la précédente, et protestante suivant de Bure, est la même qu'il décrit au N° 56 de sa Bibliographie. Mais les figures ne sont pas coloriées.

Nº 107. Bible Française. *Le frontispice de l'Ancien Testament manque. Il est de 958 pages, à la suite desquelles il y a un :*

Répertoire et Indice des plus notables et principales matières contenues en la Bible.

Le Nouveau Testament de Nostre Seigneur et seul Sauveur Jésus Christ. *A Lyon , par Gabriel Cotier.* 1560. *in-folio.*

Ces deux volumes sont reliés ensemble. La traduction est la même que dans l'édition précédente.

Nº 108. Bible Française. *Le frontispice de l'Ancien Testament manque , et il est partagé en deux parties dont le second porte le titre suivant :*

Le second Volume de la sainte Bible. *A Lyon , par Jean Frellon.* 1561.

Le Nouveau Testament de Nostre Seigneur et seul Sauveur Jésus Christ. *A Lyon , par Jean Frellon.* 1561. *in-folio.*

L'impression de cette B.ble et des deux précédentes est en caractères romains.

Nº 109. La sainte Bible contenant le Vieil et Nouveau Testament, traduitte en François, selon la Version commune : avec annotations nécessaires pour l'intelligence des lieux les plus difficiles, etc. par M. René Benoist , Angevin , Docteur Régent en la Faculté de Théologie à Paris.

A Paris, chez Gabriel Buon, 1566. Avec privilege du Roy. in-folio.

L'impression de ce volume est fort belle. Les notes sont courtes et en marge. La traduction est la même que celle des trois éditions précédentes.

N° 110. La saincte Bible. *A Lyon, par Barthélemi Honorati. 1578. in-folio.*

Partagée en trois volumes dont chacun a son frontispice particulier, et tous trois avec figures et grandes capitales gravées en bois.

Cet exemplaire est réglé de rouge.

N° 111. La saincte Bible. *A Lyon, par Estienne Michel. 1580. in-folio.*

Cette Bible est divisée en trois parties comme la précédente. Elle a de même des figures et les grandes capitales dessinées. La première partie a 459 pages.

N° 112. Bible Française en trois parties.

Le frontispice de la première manque. Voici celui des deux autres :

Le second Tome de la saincte Bible. *A Lyon, par Barthelemy Honorat. 1585. Avec privilège du Roy. in-folio.*

Le Nouveau Testament de Nostre Seigneur Jesus-Christ. *A Lyon, par Barthélemy, etc. comme ci-dessus.*

Cet exemplaire est réglé de noir, assez beau.

N° 113. Bible Française, *en trois volumes in-*

folio reliés en un, dont le frontispice de chacun
manque : en caractères romains fort beaux.

Le premier volume renferme une préface sans nom d'auteur ; une autre de Maistre Jean Calvin, et tous les Livres de l'Ancien Testament, en 542 feuillets.

Le second volume contient les Livres Apocriphes, en 91 feuillets, et l'Estat des Juifs sous la Monarchie des Romains.

Le troisième volume renferme le Nouveau Testament en 162 feuillets, l'Interprétation des noms *Hébreux*, la Table des *Tesmoignages*, et les Psaumes de David, mis en *rime françoise*, par Clément Marot et Théodore de Bèze.

N° 114.   Ancien et Nouveau Testament translaté en françois.

Exemplaire mutilé, dont le frontispice et plusieurs feuillets manquent. Il y a des gravures, et les grandes capitales sont dessinées.

L'édition est composée de trois parties, dont la première a plus de 106 pages ; la seconde qui commence par les Psaumes, en a 433, avec le répertoire ; et la troisième plus de 286 pages. L'impression est belle.

N° 115.   Bible Française.

De la Bibliothèque des Dominicains d'Avignon, très-mutilée et sans date. Sans figures.

Elle est divisée comme la précédente ; mais l'impression est moins belle : la première partie a 488 pages, la seconde 474 et point de répétition, et la troisième, qui n'a que 60 pages, est incomplète dans cet exemplaire.

N° 116.   La saincte Bible , contenant le Vieil et Nouveau Testament. Traduicte de latin en fran-

çois par les Théologiens de l'Université de Louvain : et enrichie de figures en taille-douce, avec
les Concordances des lieux et passages controversez
de l'Escriture saincte. *A Paris, che{ Pierre Mé-
nard.* 1639. *avec approbation. in-folio.*

Il n'y a qu'une seule partie en 1174 pages, avec les tables.

N° 117. La saincte Bible, etc. *comme ci-dessus.
A Paris, che{ Mathurin Hénault.* 1646. *avec
approbation.*

Cette Bible est absolument de la même édition que la
précédente, et du même nombre de pages. Il n'y a que la
fin du frontispice qui soit différente.

II. INTERPRÈTES ET COMMENTATEURS DE LA BIBLE ENTIÈRE.

1°. *Le Cardinal Hugues de Saint Cher.*

N° 118. Postilla super Psalterium Domini Hugonis
Cardinalis Sancte Sabine, *en titre ; et à la fin :
per Anthonium Koberger Nurnberge impressa
anno Domini millesimo quadringentesimo nonagesimo octavo ultima Januarii finit feliciter.*

Les grandes capitales sont en blanc, et désignées seulement par de petites lettres. La marque du papier n'est point
une tête de taureau. L'édition est belle, et les 150 Pseaumes
s'y trouvent. Il y a 1206 versets.

N°s 119—125. *Bible entière de Hugues de Sancto Charo. 7 volumes in-folio, dont le septième est marqué faussement tome 8 par le relieur dans notre exemplaire.*

Prima pars hujus operis : continens textum Biblie, cum postilla Domini Hugonis Cardinalis, librorum infrasignatorum, videlicet Genesis, Exodi, etc. *jusqu'à* Job.

Derrière ce frontispice, sont deux lettres de Jean *de Amorbach*, l'une à Antoine Koburger, citoyen de Nuremberg, l'autre au lecteur. La première est datée de Bâle le 3 Novembre 1498, et de cette phrase : *Qui ut in lucem revocarentur ad hos ipsos imprimendos abs te permultis demandata est provincia ;* il semble devoir résulter évidemment que Koburger ou Koberger n'était pas Imprimeur, mais seulement qu'il fesait imprimer des livres à ses dépens par un grand nombre de personnes. Cependant le volume précédent paraît avoir été imprimé par lui, puisqu'il est uniquement sous son nom. L'impression est à-peu-près la même qu'ici où les grandes capitales sont de même en blanc, désignées par de petites lettres, mais non peintes.

Secunda pars hujus operis continens Psalterium cum postillâ Domini Hugonis Cardinalis.

Les grandes capitales sont toutes en blanc avec de petites lettres, comme dans le volume précédent ; en sorte que l'édition est absolument la même, quoiqu'il soit autrement relié. Le relieur a placé ici un second tome de l'édition de Paris 1530, que l'on trouvera ci-après à son rang, et qui ne doit pas être ici.

Tertia pars hujus operis : continens Postillam Domini Hugonis Cardinalis super Proverbia, Ecclesiasten, Cantica, Librum Sapientie, Ecclesiasticum.

Les grandes capitales comme dans les deux volumes précédens.

Quarta pars hujus operis : continens Textum unà cum postillâ Domini Hugonis Cardinalis Prophetarum Esaie, Hieremie et ejusdem Threnorum, Baruch.

Les grandes capitales sont encore désignées ici par de petites lettres.

Quinta pars hujus operis, in se continens postillas Domini Hugonis Cardinalis Prophetarum Ezechielis, Danielis, *etc. jusqu'à* Malchie, et Librorum Machabeorum II.

Grandes capitales de même.

La sixième partie, avec les mêmes capitales, renferme les quatre Evangiles. Le frontispice manque. Le *Registrum* est à la fin de ce volume comme des six autres.

Septima pars hujus operis continens postillam Domini Hugonis Cardinalis super Epistolas Pauli, Actus Apostolorum, Apocalypsim.

Et à la fin, deux Epîtres de Jean Amerbach, l'une à Antoine Coburger, citoyen de Nuremberg, qu'il convient lui avoir fait entreprendre cet ouvrage, et l'autre au lecteur. La première est datée de Bâle, le 7 des Ides de Novembre 1502, et il y dit qu'il vient de finir ; en sorte que cette édition a dû être imprimée de 1498 à 1502.

Nᵒˢ 126 – 131. *Mêmes Œuvres. Bâle* 1504. 6 *vol. in-fol.*

Ce qui distingue cette édition de la précédente, c'est que dans celle dont il est ici question, il y a des chiffres arabes au haut de chaque feuillet, à côté des chiffres romains, tandis que dans la précédente il n'y a que des chiffres romains. Les grandes capitales sont en blanc avec de petites lettres comme dans l'édition précédente. Mais dans l'exemplaire que nous avons de celle-ci, les grandes capitales sont peintes à la main avec d'assez belles couleurs.

Prima pars hujus operis : continens textum Biblie, cum postillâ Domini Hugonis Cardinalis, Librorum infrasignatorum : videlicet Genesis—Job.

Derrière le frontispice est une lettre de *Conrad Leontorius Mulbrunnenſis* à Antoine Coberger, citoyen de Nuremberg, dont il vante beaucoup la libéralité et la magnificence, et qu'il dit avoir commandé cette seconde édition à ceux par lesquels il avait déjà fait faire la première, savoir Jean d'Amerbach, Jean *Petri*, et Jean Froben, Imprimeurs de Bâle. Cette lettre est datée de Colmar, la veille des Nones de Novembre 1503; elle est suivie d'une espèce de préface de Jean Amerbach.

Le second volume est sans frontispice; mais on le distingue de celui de l'édition précédente, qui contient de même tous les Psaumes, par les chiffres arabes au haut des pages.

Tertia pars hujus operis continens postillam Domini Hugonis Cardinalis super Proverbia, Ecclesiasten, Cantica, Librum Sapientie, Ecclesiasticum, Esaiam.

Ce volume appartient évidemment au même exemplaire que les deux précédens et les trois suivans.

Quarta pars hujus operis : continens textum unà cum postillâ Domini Hugonis cardinalis Prophetarum Hieremie et ejusdem Thrén. Malachie, et Librorum Machabeorum II. 374 *feuillets.*

Quinta pars hujus operis continens postillam Domini Hugonis Cardinalis super quatuor Evangelia secundum Mattheum, Marcum, Lucam, Johannem.

Sexta pars hujus operis continens postillam Domini Hugonis Cardinalis super Epistolas Pauli, Actus Apostolorum, Epistolas Canonicas, Apocalypsim.

On voit par trois lettres qui terminent ce volume, que Jean Amerbach a imprimé cette édition à Bâle, comme la première qui était moins correcte, aux dépens d'Antoine Coberger, citoyen de Nuremberg. C'est à ce dernier que sont adressées, le 23 Août 1504, la première lettre par Conrad Léontorius, et la seconde par Jacques Vympfeling. La troisième est adressée au lecteur par Jean Amerbach, sans date.

N° 132. *L'édition précédente a été imitée ou contrefaite à Paris de la manière suivante :*

Prologus Auctoris. Reverendissimi in Christo Patris et Domini Hugonis de Sancto Charo, sacrosancte Ecclesie Romane tituli Sancte Sabine Cardinalis primi de Ordine Sancti Dominici, in postillam super Genesim, Prologus. *Et à la fin, Jehan Petit.*

On trouve dans ce premier volume, comme dans celui des deux éditions précédentes, *Postilla super Genesin*, *Exod. Levitic. Numer. Josue*, *Judices*, *Ruth*, *Reges*, *Paralip. Esdram*, *Tobiam*, *Judith*, *Esther et Job*, en sorte qu'il va depuis la Genèse jusqu'au Livre de Job. La plupart des grandes capitales sont en blanc; mais une partie est gravée, et cette édition, qui du reste est à-peu-près la même que la précédente, est évidemment postérieure, ainsi que vont le prouver les volumes suivans qui paraissent lui appartenir. Il n'y a point de chiffres romains au haut des pages.

N° 133. *Le volume suivant dont la reliure le place où j'ai placé le N° 120, doit évidemment continuer celui qui précède.*

Domini Hugonis Cardinalis postilla seu divina expositio in Daviticum Psalterium. Secunda pars. Jehan Petit. 1530. *Et à la fin*, Explicit secunda pars postillarum Domini Hugonis Cardinalis in Davidicum Psalterium, impressa Parisiis, typis et caracteribus Petri Vidovei : impensis Joannis Parvi, Egidii Gormontii, Ponceti le Preux, ac Petri Gaudoul, anno 1530.

Il n'y a point de Table des Matières.

N° 134. *Le frontispice de la troisième partie manque. On y trouve :*

Reverendissimi Domini Hugonis de Sancto Charo in postillam super tres Libros Salomonis Prologus. Ejusdem in Isaiam Prophetam.

Les grandes capitales de ce volume sont en lettres semblables

blables à celles d'aujourd'hui, et il n'y a point de chiffres romains au haut des pages. Le dernier feuillet manque dans cet exemplaire. Mais l'impression paraît la même.

N° 135. *Le format de ce Volume paraît un peu plus grand que celui du précédent, et les grandes capitales sont en blanc avec de petites lettres, ce qui donne lieu de croire que le précédent appartient à l'édition suivante. Le titre de celui-ci est :*

Domini Hugonis Cardinalis postilla super Lib. Prophetarum : Hieremie et ejusdem Threnorum, etc. — Malachie. Machabeorum II. Quarta pars. Prostat hoc sacrum opus, apud Joannem Parvum. 1533. *Et à la fin :* Impensis honestorum virorum Joannis Parvi, Ponceti le Preux ac Petri Gaudoul. *Anno* 1533, *avec la gravure de Jehan Petit comme dans le premier volume*, N° 132.

N° 136. *Le cinquième Volume de cette édition nous manque ; mais voici le sixième avec une date antérieure. Il est sans frontispice, et les neuf premiers feuillets ne se trouvent pas dans notre exemplaire. On lit à la fin :* Explicit postilla Domini Hugonis Cardinalis super Actus Apostolorum, Epistolas Pauli quattuordecim, Canonicas septem, Apocalypsim. Impressa Parisiis, typis et characteribus Petri Vidovei, impensis Joannis Parvi, Ægidii Gormontii, Ponceti le Preux, ac Petri Gaudoul. Anno 1531.

D

Les grandes capitales sont dessinées et gravées.

N° 137. *Il paraît que cette édition a été réim-*
primée à Paris, comme on le voit par les deux
seuls volumes que nous avons d'une seconde
édition, dont voici le premier.

Domini Hugonis Cardinalis postilla seu divina expositio in Daviticum Psalterium. Secunda pars.
Prostat hoc divinum opus, apud Johannem Mace.
Parisiis. 1539. *Et à la fin :* Explicit secunda pars
postillarum Domini Hugonis Cardinalis in Davidicum Psalterium : impressa Parisiis typis et caracteribus Petri Vidovei : impensis Johannis Parvi,
Poncet le Preux, Ambrosii Girault ac Joannis
Mace.

Les grandes capitales sont gravées comme aujourd'hui
dans ce volume où se trouvent les 150 Pseaumes.

N° 138. *Second exemplaire du même Volume,*
ainsi que le prouvent le frontispice et l'Explicit,
mais dont la reliure n'est pas en aussi bon état.
On ne le garde que parce qu'à la fin il y a de
plus une Table des Matières.

N° 139. *Sixième Volume de cette édition, où*
le frontispice manque, mais à la fin duquel
on lit : Explicit postilla Domini Hugonis Cardinalis super Actus Apostolorum, Epistolas Pauli
quattuordecim, Canonicas septem, super Apocalypsim. Impressa Parisiis, typis et characteribus

magistri Petri Vidovei, impensis Joannis Parvi, Ponceti le Preux, Ambrosii Girault, ac Joannis Mace. Anno 1538.

Les grandes capitales sont gravées comme aujourd'hui.

Nᵒˢ 140—147. *Œuvres du Cardinal Hugues de Saint-Cher, en huit volumes in-folio. Venise.* 1600.

Le premier volume est intitulé : *Ugonis de S., Charo, S. Romanæ Eccl. tit. S. Sabinæ Cardinalis primi ordinis prædicatorum, opera omnia in universum Vetus et Novum Testamentum : in septem tomos divisa. Addito octavo tomo novi indicis locupletissimi, et aliàs non impressi. Venetiis apud Sessas.* 1600.

Ce volume va de la Genèse au Livre de Job.

Le second volume contient les Pseaumes.

Le troisième volume va du Livre des Proverbes à l'Ecclésiastique.

Le quatrième volume est intitulé *Ugonis de S. Charo,* etc. *tomus quartus in Libros Prophetarum. Venetiis, apud Sessas.* 1600 : et les autres le sont d'une manière analogue. On trouve dans celui-ci Isaïe, Jérémie et Baruch.

Le cinquième volume comprend Ezéchiel, Daniel, les douze petits Prophètes et les Machabées.

Le sixième volume renferme les quatre Evangiles.

Le septième volume contient le reste du Nouveau Testament.

Le huitième est l'*Index* en une seule Table.

Nᵒˢ 148—155. *Mêmes Œuvres, huit volumes in-folio. Lion.* 1645.

Le premier volume est intitulé : *Hugonis de S. Charo, S.*

Romanæ Ecclesiæ tituli S. Sabinæ Cardinalis primi ordinis præ-dicatorum , tomus primus , nunc primùm in Galliâ , post Venetas et Coloniensem editiones diligentissimè recognitum in lucem pro-dit. Lugduni , sumptibus societatis Bibliopolarum. 1645. Cum privilegio Regis. Et à la fin : *Lugduni , sumptib. Claudii Prost , Petri et Cl. Rigaud , Hieronymi de la Garde , Joan. Ant. Hu-guetan , filii. 1645.* Il va de la Genèse au Livre de Job.

Id. *Tomus secundus , Psalterium universum.* Les mêmes noms de Libraire à la fin.

Id. *Tomus tertius.* Livres de Salomon.

Id. *Tomus quartus.* Isaïe , Jérémie , et Baruch.

Id. *Tomus quintus ,* et les trois autres comme ci-dessus dans l'édition précédente.

2°. *Nicolas de Lira , et Paul de Sainte-Marie , Evêque de Burgos.*

N° 156. Postillæ super Epistolas Pauli à fratre Nicolao de Lira, *d'une écriture moderne , et à la fin :* Expliciunt postille super Epistolas Beati Pauli Apostoli, *d'une ancienne écriture.*

Manuscrit in-folio sur parchemin. Il paraît original, c'est-à-dire, du treizième siècle. Les lettres majuscules sont peintes et dessinées avec soin. La dernière page est à demi déchirée.

N° 157. Incipiunt addiciones ad postillam magistri Nicolai de Lira super Biblia edita à Reverendo Patre Domino Paulo de Sanctâ Mariâ magistro in Theologiâ , Episcopo Burgensi , Archicancellario Serenissimi Principis Johannis Regis Castelle et Legionis , quas venerabili viro Alfonso Legum

Doctori Decano Compostellano filio suo ex legitimo matrimonio genito direxit; finivit autem eas anno 1429.

Ce manuscrit est signé *Gaufridi*, et paraît du quinzième siècle. Les grandes capitales sont en blanc, désignées par de petites lettres. L'écriture est fort lisible. Le format est petit in-folio assez épais.

N°s 158—160. *Ces trois volumes grand in-folio paraissent appartenir à la plus ancienne édition de Nicolas de Lira, qui devait en contenir cinq. Les grandes lettres capitales y sont peintes en or, en bleu et en rouge.*

Le premier volume est complet, et va depuis la Genèse jusqu'au Deutéronome, c'est-à-dire, qu'il renferme le Pentateuque. Il est sans frontispice, et commence ainsi : *Prologus primus venerabilis fratris Nicolai de Lyra Ordinis Seraphici Francisci in Testamentum Vetus de commendatione sacre Scripture in generali incipit.* Il n'y a la marque d'aucun imprimeur à la fin.

Le second volume renferme les restes imparfaits du second tome qui est mutilé. Il y a quelques feuilles du second Livre d'Esdras, de celui de Tobie, et autres. Mais il y a un tome complet renfermant tous les Prophètes depuis Jérémie, et à la fin : *Postilla fratris Nicolai de Lyra cum additionibus Pauli Episcopi Burgensis ac replicis magistri Mathie Doring ejusdem Ordinis super Malachiam Prophetam finit.* Je n'ai pu découvrir aucune marque au papier.

Le troisième volume, qui est le quatrième et avant-dernier tome, est complet, et renferme les quatre Evangélistes. Il commence par Saint Mathieu, et finit ainsi : *Postilla fratris Nicolai de Lyra super Evangelium Johannis finit.*

Cette édition peut très-bien être celle de Rome 1472, que de Bure décrit N° 119 de sa Bibliographie, et qu'il dit être regardée comme le premier commentaire imprimé sur l'Ecriture sainte.

N° 161. Prologus in librum Job, etc. Prologus in Proverbia Salomonis, etc. *Et à la fin :* Postilla venerabilis fratris Nicolai de Lyra super Ecclesiasticum finit feliciter.

Ce volume paraît appartenir à la Bible précédente. Les grandes capitales y sont en blanc, et peintes. Le format semble, à la vérité, un peu moindre. Mais il est véritablement le même, et les deux exemplaires ne diffèrent que par les marges.

N°ˢ 162—164. Bible de Nicolas de Lira. 3 *volumes in-folio.*

Prologus primus venerabilis fratris Nicolai de Lyra Ordinis Seraphici Francisci in Testamentum Vetus de commendatione sacre Scripture in generali incipit.

On trouve ensuite : la Genèse, l'Exode, le Lévitique, les Nombres, le Deutéronome, ce qui compose le Pentateuque en un volume séparé : après quoi se lisent : Josué, les Juges, Ruth, quatre Livres des Rois, deux des Paralipomènes, et l'Oraison de Manassès. On lit à la fin du quatrième des Rois : *Postilla fratris Nicolai de Lyra in Libros Regum cum additionibus Pauli Burgensis, et replicis defensivis Matthie Doring finit feliciter.* Après quoi se trouvent les Paralipomènes. Il y a quelques figures. On en remarque deux dans le troisième Livre des Rois, dont l'une est à la fin du chapitre 6.

Le second volume va depuis les deux Livres d'Esdras, ceux de Tobie, de Judith, d'Esther, de Job, etc. jusqu'à l'Ecclésiastique. Le relieur l'a étiqueté mal à propos tome 3. On lit à la fin : *Postilla venerabilis fratris Nicolai de Lyra super Ecclesiasticum finit feliciter.*

Le troisième volume va depuis les Prophéties d'Isaïe jusqu'aux deux Livres des Machabées, et complète ainsi l'Ancien Testament. Le relieur l'a étiqueté mal à propos tome 2 dans cet exemplaire. Il y a plusieurs figures, et entr'autres aux Prophéties d'Ezéchiel. On lit à la fin : *Explicit postilla Nicolai de Lyra super Vetus Testamentum cum expositionibus Britonis in prologos Hieronymi : et cum additionibus Petri Episcopi Burgensis et correctoriis earundem additionum editis à Mathia Doringk Ordinis minorum.*

Cette édition est sans date, et fort ancienne. Les grandes capitales y sont en blanc. On trouve à la fin du premier et du dernier volume le même chiffre qui est un cœur, au dedans duquel on voit sur la droite une étoile, et au milieu un ¢ dont la tête et les deux barres sont au dedans.

Nos 165 — 170. Bible de Nicolas de Lira. *Nuremberg 1485, en 6 volumes in-folio, dont voici le détail :*

Prologus in Bibliam ; et à la fin : *Postilla super Deutro. Edita a fratre Nicolas de Lyra finit.* On voit que ce premier volume contient le Pentateuque. Les grandes capitales sont en blanc et dessinées ou plutôt peintes à la main. Le papier a très-distinctement la tête de taureau, en sorte qu'en adoptant la règle donnée par Gabriel Naudé et adoptée par l'abbé Salier, on en conclura que cet ouvrage appartient certainement aux premiers Imprimeurs de Maïence, Fauste et Schoeffer, qui ont apparemment travaillé aux dépens de Koberger. Le texte de la Bible e.t inséré en entier dans cette édition. On y trouvera quelques caractères liés, et quelques gravures en bois. Tout l'exemplaire est très-bien conditionné, et les petites capitales mêmes s'y trouvent peintes.

Le second volume, même édition et même exemplaire, va du Livre de Josué et des Rois, aux Paralipomènes. Il y a plusieurs gravures, et entr'autres au chapitre 20 du quatrième Livre des Rois.

Le troisième volume va du Livre d'Esdras à l'Ecclésiastique. Le papier porte toujours dans sa pâte la tête de taureau, comme dans les autres volumes.

Le quatrième volume contient les Prophètes et les Machabées. Les additions de Paul, évêque de Burgos, et les corrections de Mathias Doringk se trouvent dans toute l'édition.

Le cinquième volume contient les cent cinquante Pseaumes.

Le sixième volume, le plus épais de tous, contient tout le Nouveau Testament, et à la fin : *Exactum est Nuremberge hoc opus charactere impressum jucundissimo : impensisque Anthonii Kobergers prefàte civitatis incolae : anno incarnate Deitatis 1485 sabbato post Johannis ante portam Latinam.* Après cette date est un petit livre de Nicolas de Lira *in quem sunt pulcherrime questiones Judaïcam perfidiam in catholicâ fide improbantes.*

Cette jolie édition est véritablement précieuse.

N° 171. *Premier volume d'une Bible de Nicolas de Lira, depuis la Genèse jusqu'à l'Ecclésiastique. On lit au commencement :*
Primus prologus Nicolai de Lyra de emendatione

·· sacre Scripture in generali. *Petit in-folio fort*
épais.

Il n'y a ni date, ni frontispice. Les grandes capitales
sont en blanc. Le papier a dans sa pâte tantôt la tête de
taureau surmontée avec l'étoile, tantôt le dauphin entre les
cornes, et quelquefois une autre marque : ce qui, suivant
l'abbé Salier, (Mémoires de l'Académie des Inscriptions,
tome 19, page 250), désigne Jean Schoeffer., fils de Pierre,
vers l'an 1515. Mais je crois cette édition plus ancienne et
tirée de la précédente par Schoeffer, qui l'a abrégée lui-
même en supprimant le texte de la Bible, et ne laissant que
l'interprétation de Nicolas de Lira.

N° 172. *Second volume de la même Bible, qui*
paraît appartenir à la même édition, mais
d'un exemplaire mieux conditionné. On lit au
commencement de la première page. Esaias.
Nicolai de Lira super Esaiam ad litteram expositio.

On y trouve les Livres de tous les Prophètes et des Machabées, mais seulement les commentaires. Ce petit in-folio
est sans date comme le précédent, et paraît même très-
ancien, imprimé sur papier fin. C'est un tome 2 relié avec
des crochets et en bon état. Les grandes capitales y sont
peintes agréablement en or et en couleur. Le papier a la
tête de taureau dans sa pâte, et cette tête est surmontée le
plus souvent d'une rosette étoilée, et quelquefois d'un dauphin, en sorte que l'ouvrage doit aussi appartenir à l'imprimerie de Schoeffer.

N° 173. *La première page de ce volume man-*
que, et les grandes capitales sont en blanc.

Le papier a une tête de taureau et paraît le même que celui des deux volumes précédens, ainsi que le format. Le texte des Evangiles ne s'y trouve point. On lit à la fin : Explicit postilla Nicolai de Lyra super quattuor Evangelistis unà cum additionibus Pauli Burgensis et replicis Matthie de Saxonia.

N°s 174, 175. Bible entière commentée par Nicolas de Lira. *Venise.* 1488. 2 vol. *in-folio.*

Le premier volume commence ainsi : *Primus prologus Nicolai de Lira de emendatione sacre Scripture in generali,* et finit : *Explicit postilla fratris Nicolai de Lira super Librum Psalmorum.* On voit qu'il contient l'Ancien Testament, mais seulement en partie. Les Prophètes n'y sont point, et le texte n'accompagne pas les commentaires.

Le second volume, qui contient le Nouveau Testament en entier, commence ainsi : *Fratris Nicolai de Lira Ordinis Fratrum Minorum in quattuor Evangelia. Prologus incipit,* et finit : *Explicit postilla Fratris Nicolai de Lira Ordinis Minorum in Apocalypsim, impressa Venetiis, operá et impensâ Octaviani Scoti Modoetiensis anno 1488 quinto Idus Augusti.*

Les grandes capitales de cet exemplaire, qui est très-bien conservé, sont peintes et en blanc, c'est-à-dire, sans petites lettres qui les désignent.

N°s 176—178. *Bible de Nicolas de Lira, imprimée à Strasbourg, en 1492. Il y faudrait quatre volumes.*

Le premier volume de cette édition, qui paraît postérieure aux précédentes, manque.

Le second volume va depuis les Paralipomènes jusqu'à l'Ecclésiastique. Dans cet exemplaire, les grandes capitales, désignées par de petites lettres, sont peintes en or, en bleu, rouge et autres couleurs. Le texte y est tout au long avec les commentaires. On trouve en tête ce titre manuscrit: *Glosa universalis Fratris Nicolai de Lyra, Ordinis Seraphici sancti Francisci.*

Le troisième volume est évidemment de la même édition, ayant les grandes capitales peintes comme le précédent, et portant le même titre manuscrit. Il y a les additions de Mathias Doring. Il va depuis Isaïe jusqu'au second Livre des Machabées, et contient ainsi tous les Prophètes.

Le quatrième volume paraît encore de la même édition, quoique les grandes capitales n'y soient que désignées par de petites lettres, et qu'elles ne soient pas peintes. Mais le titre manuscrit s'y trouve, et la reliure est absolument semblable. Le Nouveau Testament y est en entier avec les commentaires. On lit à la fin: *Exactum est Argentine anno 1492.*

N° 179. *Même Bible. Nuremberg.* 1497. *six volumes in-folio. Nous n'avons que le dernier.*

Un titre manuscrit annonce que ce volume est le sixième. Il porte: *Pars sexta Bibliæ cum glossá ordinariá et expositione Nicolai Lyrani.* On y trouve les quatre Evangiles, les Epîtres, les Actes des Apôtres et l'Apocalipse, texte et commentaire. *Quatuor facies uni Eze*, première ligne du commentaire, est en lettres majuscules. Les grandes capitales sont en blanc. La date n'est point à la fin, mais après l'Apocalipse, où on lit: *Exactum est Nuremberge, impensisque Anthonii Kobergers prefate civitatis incole anno 1497 die sextá Septembris.*

N°s 180—184. *Bible de Bâle* 1498, *6 volumes*
in-folio. Nous n'en avons que cinq , dont voici
les titres :

Prima pars Biblie cum glosâ ordinariâ et expositione Lyre
litterali et morali : necnon additionibus ac replicis : continens
Genesim , Exodum , Leviticum , Numeri , Deuteronomium.
La dédicace de Sébastien Brant , adressée à Jean de Dalburg,
est datée de Bâle des Nones de Septembre 1498. Il n'y a
point de frontispice. Les grandes capitales sont désignées
par de petites lettres, et dans cet exemplaire , qui est réglé
en rouge, elles sont peintes à la main. Le texte qui accompagne les commentaires est souvent interligné par de petites
notes.

Secunda pars hujus operis in se continens glosam ordinariam
cum expositione Lire litterali et morali : necnon additionibus ac
replicis : super Libros Josue , Judicum , Ruth , Regum , Para-
lipomenon , Esdre , Neemie , Tobie , Judith , Esther. L'exemplaire est réglé comme le précédent , et les grandes capitales
sont de même. En dessus du titre est un sommaire de tout
le volume en douze vers latins.

Le frontispice et la première page de la troisième partie
manquent : l'exemplaire est comme les deux précédens pour
l'édition ; mais la reliure de ce volume et des deux suivans
est en bois, tandis que celle du volume précédent est en
parchemin. On trouve dans cette troisième partie le Livre
de Job , les Pseaumes, les Proverbes, l'Ecclésiaste , le Cantique des Cantiques, le Livre de la Sagesse , et l'Ecclésiastique.

Quarta pars hujus operis in se continens glosam ordinariam
cum expositione Lire litterali et morali : necnon additionibus ac
replicis super Libros Esaie , Hieremie , Threnorum , Baruch ,

Ezechielis , Danielis , Osee, Amos , Abdie , Jone , Michee ; Naum , Abacuk , Sophonie , Aggei , Zacharie , Malachie , Machabeorum. Le sommaire en vers latins est derrière le frontispice; On voit que dans la nomenclature des Prophètes , le nom de Johel a été oublié après celui d'Osée ; mais il n'a point été omis dans le corps de l'ouvrage. L'exemplaire n'est pas réglé en rouge , ni les grandes capitales peintes; mais elles sont désignées par de petites lettres comme dans les trois volumes précédens ; et ce qui distingue cette édition de celle de Strasbourg 1492 qui a la même désignation , c'est qu'ici la première ligne est *Glo. ordi. prologus in Esaiam Nico. de Lyrâ ,* au lieu que dans la *quarta pars* de Strasbourg , cette première ligne est seulement *prologus.*

La cinquième partie manque. Elle contient les Evangiles ; et n'est évidemment pas celle dont j'ai parlé ci-dessus N° 173 ; puisque dans ce numéro , il n'est question que des seuls commentaires qui , dans l'édition dont je parle ici , accompagnent le texte.

Sexta pars Biblie cum glosâ ordinariâ et expositione Lyre litterali et morali : necnon additionibus ac replicis : super Epistolas ad Romanos , Corinthios , etc. Actus apostolorum , super Canonica Apocalypsim. Derrière ce frontispice est le sommaire en vers latins , et à la fin : *Per Johannem Petri de Langendorff et Johannem Froben de Hamelburg , cives Basilienses , Basilee impressum anno Domini millesimo quadringentesimo nonagesimo octavo : Kalendis Decembribus.* Cet exemplaire du sixième volume est peint et réglé comme celui des trois premiers volumes.

N°ˢ 185—190. *Autre Bible de Nicolas de Lire. Bâle.* 1502. 6 *volumes in-folio.*

Le premier volume est intitulé : *Biblie jampridem renovate pars prima : complectens Pentateucum : unà cum glosâ ordinariâ et litterali moralique expositione Nicolai de Lyra : necnon additionibus Burgensis ac replicis Thoringi : novisque distinctionibus et marginalibus summariisque annotationibus.* Derrière le titre est une épître de *Sebastianus Brant, Joanni Froben de Hammelburg impressoriæ artis insigni calchographo*, datée *ex Argentinâ idibus Septembris 1501.* Les grandes capitales sont peintes sur une gravure légère. On lit à la fin : *Pars prima Biblie sacre, cum glosâ ordinariâ et interlineali concordantiisque sacrorum canonum, una cum postillis, additionibus ac replicationibus venerabilium patrum Nicolai de Lyra Brabantini, Pauli Hispani Burgensis Episcopi et Mathie Doringk Saxonis explicit.*

Le second volume est intitulé : *Secunda pars hujus operis in se continens glosam ordinariam cum expositione Lyre litterali et morali : necnon additionibus ac replicis super Libros Josue, Judicum, Ruth, Regum, Paralipomenum, Esdre, Neemie, Tobie, Judith, Hester.* Les grandes capitales sont gravées légèrement dans ce volume, sans être peintes. Le texte de la Bible se trouve dans cette édition comme dans la précédente dont celle-ci paraît être le perfectionnement.

Le troisième volume est intitulé : *Tertia pars hujus operis, in se continens glosam ordinariam cum expositione Lyre litterali et morali : necnon additionibus ac replicis super Libros Job, Psalterium, Proverbiorum, Ecclesiasten, Cantica Canticorum, Sapientie, Ecclesiasticum.* Derrière le frontispice est un sommaire en vers, comme dans le volume précédent. Les grandes capitales sont peintes sur la gravure.

Le quatrième volume a pour titre : *Quarta pars hujus operis in se continens glosam ordinariam cum expositione Lyre litterali et morali : necnon additionibus ac replicis super Libros Esaie, Hieremie, Threnorum, Baruch, Ezechielis,* et tous les autres Prophètes, enfin *Machabeorum.* Le sommaire en vers latins ẽst derrière ce titre. Les grandes capitales de tout le volume sont seulement gravées.

Le cinquième volume est intitulé : *Quinta pars hujus operis in se continens glosam ordinariam cum expositione Lyre litterali et morali : necnon additionibus ac replicis super Libros Matthei, Marci, Luce, Johannis,* avec le sommaire en vers. Les grandes capitales sont comme dans le volume précédent, dessinées très-légèrement, évidemment destinées à être peintes.

Le sixième volume a pour titre : *Sexta pars Biblie cum glosâ ordinariâ et expositione Lyre litterali et morali : necnon additionibus ac replicis super Epistolas ad Romanos, Corinthios, Galathas, etc. : Actus Apostolorum : super Canonica : Apocalypsim.* Avec le sommaire en vers ; et à la fin du volume : *Opus præclarum totiûs Biblie cum glosulis tàm marginalibus quàm interlinearibus ordinariis : unâ cum venerandi Patris Nicolai de Lyrâ postillis : moralitatibusque in propriis locis de novo positis : additionibus Pauli Burgensis Episcopi : ac replicis magistri Matthie Doring : necnon ipsiûs Nicolai de Lyra libello questionum Judaïcam perfidiam in catholicâ fide improbantium. Curâ et impensis providorum dominorum magistri Johannis de Amerbach, Johannis Petri de Langendorff et Johannis Froben de Hammelburg cives Basilen. Arte verò et industriâ ipsiûs Johannis Froben magnâ cum diligentiâ et labore. Basilee impressum : anno Domini millesimo quingentesimo secundo. Idibus Maiis explicit.* Les grandes capitales sont dessinées à la main dans ce volume comme dans le précédent.

N° 191. Le Psaultier avecques lexposition sur de Lyra en Françoys.

Cette édition est cottée sur le dos *Editio princeps.* Elle ẽst effectivement fort ancienne, puisque les grandes capitales sont en blanc, désignées quelquefois par de petites lettres. Les caractères sont gothiques. Il y a deux volumes reliés en un, avec le même frontispice. On lit à la fin du second :

Cy fynist la translation en françoys du postille sur le Livre des Pseaulmes compose par ce venerable et tres excellent Docteur en Theologie de lOrdre des Mineurs maistre Nichole de Lire imprime à Paris par Pierre le Rouge Libraire et Imprimeur du Roy nostre Syre.

Nᵒˢ 192—197. Bible de Lira. *Lion.* 1520. 6 *volumes in-folio.*

D'après l'édition de Bâle 1502. Mais elle n'est pas si belle, et les grandes capitales y sont dessinées et gravées en bois dans tous les volumes. Conrad Léontorius qui a publié cette nouvelle édition, l'a rendue supérieure aux précédentes pour la matière.

On lit en tête du premier volume : *Textus Biblie cum glosâ ordinariâ, Nicolai de Lyra postillâ, moralitatibus ejusdem, Pauli Burgensis additionibus, Matthie Thoring replicis : prima pars, et sunt in eâ heç : scilicet Genesis, Exodus, Leviticus, Numerorum, Deuteronomius : addita quibus sunt nuperrimè ultrà d.ligentissimam et castigatissimam emendationcm et limam historie non invenuste : et figurate littere capitis cujuslibet exordioque totam rem descriptam clarius quam possit aperiunt.* Derrière le frontispice est une épître latine datée du dernier Juin 1506, où Conrad Léontorius se vante d'avoir revu les éditions précédentes avec le plus grand soin, pour perfectionner celle-ci. On lit à la fin : *Lugduni impressa in ædibus Jacobi Mareschal anno 1520, die verò 26 Octobris.*

Secunda pars hujus operis in se continens glosam ordinariam cum expositione Lyre litterali et morali, necnon additionibus ac replicis : super Libros Josue, Judicum, Ruth, Regum, Paralipomenon, pomenum, *Esdre*, *Neemie*, *Tobie*, *Judith*, *Hester*. *Addita quibus sunt nuperrimè*, *etc.* comme au volume précédent.

Tertia pars hujus operis in se continens glosam ordinariam cum expositione Lyre, *etc. super Libros Job*, *Psalterium*, *Proverbiorum*, *Ecclesiasten*, *Cantica Canticorum*, *Sapientie*, *Ecclesiasticum*. *Addita quibus sunt*, *etc.*

Quarta pars hujus operis, *etc. super Libros Esaie*, *Hieremie*, *Threnorum*, *Baruch*, *Ezechielis*, *Danielis*, *Osee*, *Johelis*, *Amos*, *Abdie*, *Jone*, *Michee*, *Naum*, *Abacuk*, *Sophonie*, *Aggei*, *Zacharie*, *Malachie*, *Machabeorum : addita quibus sunt*, *etc.* A la fin de ce volume est une sorte de postface de *Conradus Leontorius Malbronnensis*, datée *ex Artavalle ultrà Basileam Hirsam die 21 Junii anno 1507.* On voit que l'impression des quatre premiers volumes avait duré un an.

Quinta pars hujus operis, *etc. super Libros Matthei*, *Marci*, *Luce*, *Johannis : addita quibus sunt*, *etc.* On voit que les quatre Evangiles composent ce cinquième volume. Ce volume n'a que 243 feuillets, et le chapitre 21 de l'Evangile de Saint Jean n'y est pas complet, en sorte que l'exemplaire est imparfait.

Sexta pars Biblie cum glosâ ordinariâ et expositione Lyre, *etc. super Epistolas ad Romanos*, *Corinthios*, *etc. Actus Apostolorum*, *super Canonica Jacobi*, *Petri*, *Johannis*, *Jude*, *Apocalypsim : addita quibus sunt*, *etc.* Il y a un sommaire en vers derrière le frontispice. On trouve à la fin une épître de *F. Conradus Leontorius Mulbrunnen.* datée *ex Artavalle ultrà Hirsam Basileanam tertiâ Martii 1508. Lugduni impressa in ædibus honesti viri Jacobi Mareschal artis impressorie peritissimi. Anno 1520 die verò 15 Decembris.* On voit que ce volume termine l'édition.

E.

N°ˢ 198—203. *Autre Bible de Lira. Lion, Ma-reschal.* 1628. 6 *vol. in-folio.*

Cette édition est divisée comme la précédente. On trouve en tête un frontispice et ces mots : *Hoc in aureo opere optimo cuique lectori apprimè necessario hæc sequentia continentur : videlicet, textus Biblie cum glossâ ordinariâ, Nicolai de Lirâ postillâ, moralitatibus ejusdem, Pauli Burgensis additionibus; Matthie Thoring replicis.* On voit au-dessous de ce titre un Moine assis écrivant, et à ses piés un lion. Les grandes capitales sont gravées comme dans l'édition précédente. La date n'est pas au commencement; mais on lit à la fin du premier volume : *Lugduni impressa in ædibus Jacobi Mareschal anno salutis 1528.* Les caractères de cette édition sont ronds.

Il n'y a rien à la fin du second volume dont le frontispice est le même, excepté que le détail des matières qui y sont contenues, et qui sont les mêmes que dans l'édition précédente, est différent.

Le troisième volume, imprimé de même, est comme celui de l'exemplaire ci-dessus décrit. Mais son frontispice, au lieu du Moine assis, montre ce même Moine à genoux devant un crucifix, avec son lion accroupi derrière lui.

On retrouve au quatrième volume l'estampe qui se trouve au frontispice des deux premiers, et point de date au commencement ni à la fin, où l'on voit seulement l'épître de *Conradus Leontorius* de 1507, qui prouve que cette édition est absolument la même que la précédente.

Le Moine à genoux revient au bas du frontispice du cinquième volume, qui n'a de date au commencement ni à la fin, et qui contient les quatre Evangiles comme la précédente ; mais ici le 21ᵉ et dernier chapitre de l'Evangile de Saint Jean est complet, en sorte que l'exemplaire n'est point défectueux ici. Mais il l'est bien davantage après cela. Car la sixième partie où devraient être , comme dans l'édition précédente , les Epîtres , les Actes des Apôtres et l'Apocalipse , manque ; peut-être est-ce la faute du relieur. En effet le cinquième volume est fort mince. Le sixième ne l'est guère moins ; on y trouve cependant,

1°. Au frontispice : *Repertorium alphabeticum sententiarum præstantium , et scitu dignarum , decerptarum ex glossâ ordinariâ , glossâ interlineari , postillâ litterali et morali Nicolai Lyrani. Adjecta est elegans Epistola F. Conradi Leontorii , etc.*, et le Moine à genoux avec son lion à ses piés. Derrière ce frontispice est une épître où Conrad Léontorius sollicite la reconnaissance du lecteur en faveur de Simon Vincent , Jacques *de Ziunta*, Luxembourg *de Gabiano*, et Jean Mareschal qui ont imprimé cette édition. Mais cette épître étant sans date , paraît plus ancienne que l'édition de laquelle je rends compte ici ; et ce nom de Jean Mareschal , tandis que la date du premier volume qui est de 1528 , porte celui de Jacques Mareschal , ainsi que celle du sixième volume de l'édition précédente qui est de 1520 , tandis que la lettre paraît être de 1508 , ainsi que la suivante , semble prouver que Jean Mareschal a été remplacé par Jacques Mareschal dans l'intervalle de 1508 à 1520.

2°. A la fin une seconde épître de *Conradus Leontorius* qui commence ainsi : *Est finita cum sex voluminibus hæc tabula seu repertorium alphabeticum*, ce qui achève de prouver qu'il y avait six volumes avant le répertoire. L'épître est datée *ex valle Eugadi*, *vulgò Engetal*, du 8 des kalendes de Novembre 1508 , ce qui prouve que le répertoire a été fait avant l'édition précédente , et qu'il manque conséquemment dans notre exemplaire.

N°s 204—209. *Bible de Lira. Lion.* 1545. 6 *volumes in-folio, belle édition.*

Biblia sacra cum glossis, interlineari et ordinariâ Nicolai Lyrani postillâ et moralitatibus, Burgensis additionibus, et Thoringi replicis. *Lugduni.* 1545. *Cum privilegio Regis.*

Sans nom d'imprimeur au frontispice, derrière lequel est le privilège du Roi François, daté d'Amboise le 25 Mars 1544, avec des lettres d'attache de ce Prince du 8 Mai 1545, et l'enregistrement du Parlement à Amboise le pénultième jour de Juillet 1545, le tout en faveur d'Anthoine Vincent, Libraire de Lion.

Le second volume est de même sans nom d'imprimeur au frontispice, derrière lequel le privilège se trouve répété. La matière est la même que dans les deux éditions précédentes.

Il en est de même des tomes troisième et quatrième. Le privilège se trouve toujours derrière le frontispice, et la matière est comme dans les deux éditions précédentes, mais sans épître de Conrad Léontorius.

Le tome 5, qui contient les 4 Evangiles, est encore de même, ainsi que le tome 6 qui complète le Nouveau Testament, avec la fin duquel l'*Index* se trouve relié, quoiqu'il ait son frontispice à part. Cet *Index* est terminé par l'épître de Conrad Léontorius *Est finita*, etc.; mais on y a supprimé le nom de cet éditeur. On lit enfin : *Lugduni, ex officinâ Gasparis Trechsel.* 1545.

N° 210. Scrutinium scripturarum, eximium opus à Paulo de Sanctâ Mariâ Burgensi presule antehac de Judaismo ad Christianitatem converso editum.

François Regnault. Venales habentur Parisiis.
Petit in-folio.

Derrière le frontispice est une notice de Trithême sur l'auteur Paul de Sainte-Marie, mort en 1424.

On lit à la fin : *Impressum fuit hoc preclarissimum ac verè divinum opus per me Anthonium Bonne Mere impressorem in almâ Universitate Parisiensi expensis honesti viri Johannis Frellon Bibliopole in vico Maturinorum degentis.* Or nous avons vu dans les Bibles latines, N° oo, que Jean Frellon était imprimeur à Lion en 1551, tandis qu'il est ici Libraire à Paris, sans doute après avoir quitté Lion.

C'est l'ouvrage dont de Bure fait mention N° 132 de sa Bibliographie ; mais ce n'est pas la même édition, celle annoncée par de Bure étant de 1478.

N°ˢ 211 — 217. *Bible de Lira. Venise.* 1588. 7 *volumes in-folio.*

Biblia sacra cum glossis interlineari, et ordinariâ, Nicolai Lyrani postillâ, ac moralitatibus, Burgensis additionibus, et Toringi replicis. *Venetiis.* 1588. *Cum licentiâ Superiorum. A la fin est la date* Venetiis 1587, *sans nom d'Imprimeur.*

Les tomes 2 et 3 portent le même frontispice, et rien à la fin. La matière est toujours la même que dans les éditions précédentes.

Le tome 4 porte à la fin *Venetiis 1588*, et l'aigle que l'Imprimeur place toujours à son frontispice, est encore gravé avant cette date.

Le cinquième n'a que le frontispice de 1588, à l'ordinaire.

Le sixième, avec ce frontispice, porte à la fin l'aigle et *Venetiis 1587.*

E 3

Le septième est intitulé : *Index alphabeticus ex interpreta-tionibus super Vetus et Novum Testamentum, ex glossâ scilicet ordinariâ et interlineari ; ex Nicolai de Lyra tàm literali quàm morali postillâ, etc. Selectas omnes continens Sententias. Venetiis 1588.* Toujours sans nom d'Imprimeur, et l'épître *est finita.*

N°s 218—224. Biblia sacra, cum glossâ ordinariâ, primùm quidem à Strabo Fuldensi, collecta : nunc verò novis patrum, cum Græcorum, tum Latinorum explicationibus locupletata : annotatis etiàm iis quæ confusè anteà citabantur locis : et postillâ Nicolai Lyrani, additionibus Pauli Burgensis, ac Matthiæ Thoryngi replicis, ab infinitis mendis purgatis : in commodioremque ordinem digestis : per F. Franciscum Feu-Ardentium Ordinis Minorum, Joannem Dadræum, et Jacobum de Cuilly Theologos Doctores Parisienses. *Lugduni*, 1590. 7 *vol. in-folio.*

Exemplaire très-bien conditionné. Les grandes capitales sont dessinées et gravées en bois. Le frontispice est aussi gravé et surmonté par un vaisseau, au milieu duquel on voit les armes du Roi de France. Il y a en outre des gravures dans l'intérieur de l'ouvrage, et par exemple, page 31 du tome 5.

Le sixième volume est seul daté de 1589, et termine le Nouveau Testament. Le dernier, qui n'est qu'un *Index*, est daté, comme les cinq premiers, de 1590. L'épître ordinaire de Conrad Léontorius n'est pas à la fin ; mais on en trouve une autre au commencement, sans nom d'auteur, datée de Lion, le 12 des calendes d'Octobre 1589, écrite en latin.

N°s 225 — 227. Bibliorum sacrorum cum glossâ ordinariâ jàm ante quidem à Strabo Fulgensi collecta : nunc autem novis , cùm Græcorum , tùm Latinorum patrum expositionibus locupletata : annotatis etiàm iis , quæ confusè anteà citabantur , locis : et postillâ Nicolai Lyrani : additionibus Pauli Burgensis ad ipsum Lyranum : ac ad easdem Matthiæ Toringi replicis : per fratrem Feuardentium Ordinis Minorum , Joannem Dadræum , et Jacobum Cuilly , Doctores Theologos Parisienses : tomus tertius : hâc sanè quidem Venetâ editione à quàm plurimarum dictionum mendis expurgatus , multis quoque verbis , et versibus aliàs prætermissis suppletus. *Venetiis*. 1603.

Tel est le titre du tome 3 de cette édition qui est en 7 volumes in-folio, et qui paraît, par les fautes d'impression du titre que l'on vient de lire, une médiocre contrefaçon de l'édition précédente. On y trouve l'aigle de l'édition de 1588. Nous n'avons que les tomes 3, 4 et 5. Les grandes capitales sont gravées et dessinées en bois, mais moins bien que dans l'édition précédente.

N°s 228 , 229. Biblia sacra cum glossâ ordinariâ , primùm quidem à Strabo Fuldensi monacho Benedictino collecta , nunc verò novis patrum cùm Græcorum , tùm Latinorum explicationibus locupletata , et postillâ Nicolai Lirani Franciscani , necnon additionibus Pauli Burgensis Episcopi , et Matthiæ Thoringi replicis , operâ et studio Theologorum Duacensium. *Tomus secundus. Duaci, ex officinâ typographicâ Balthazaris Belleri, typographi jurati. Anno* 1617. *Cum gratiâ et privilegio.*

C'est le second tome d'une édition en sept volumes, dont nous n'avons que les tomes 2 et 5. Cette édition est belle, et les grandes majuscules y sont dessinées et gravées en bois.

N°ˢ 230—235. *Même Bible, édition d'Anvers* 1634, *en* 6 *volumes in-folio.*

Biblia sacra cum glossâ ordinariâ à Strabo Fuldensi Monacho Benedict. collecta novis P. P. Græc. et Latin. explicationibus locupletata, et postillâ Nic. Lirani Franc. cum additionibus Pauli Burgensis Episc. ac Matthiæ Thoringi replicis, Theolog. Duacensium studio emendatis. Tomis sex comprehensa. Omnia denuò recensuit R. P. Doctor Leander à S. Martino Benedictinus et præses generalis Congregationis Anglicæ, etc. *Antverpiæ, apud Joannem Meursium. Anno* 1634.

Cette édition est plus belle que toutes les précédentes, et ornée de gravures. Le frontispice qui est en tête du premier volume, est fort bien gravé. Les grandes majuscules sont dessinées et gravées en bois. Des *Index* particuliers sont à la fin de chaque volume. Notre exemplaire est très-bien conditionné. Une chronologie de l'Histoire sainte depuis la création du monde jusqu'à l'an 102 de l'ère chrétienne, se trouve à la fin du cinquième tome. Le *Scrutinium* de Paul de Burgos est à la fin du sixième.

N⁰ˢ 236—253. Biblia maxima. *Paris* 1660. 19 *volumes in-folio.*

Biblia maxima versionum , ex linguis orientalibus :
pluribus sacris Ms. codicibus : innumeris ferè SS.
et veteribus patribus , et interpretibus orthodoxis ,
collectarum , earumque concordia cum Vulgatâ ,
et ejus expositione litterali ; cum annotationibus
Nicol. de Lyrâ minoritæ , Joan. Gagnæi Doctorum Paris. Guil. Estii Doc. Lovan. Joan. Menochii , et Jacobi Tirini. Doct. S. I. additis amplissimis prolegomenis , universa quæ possunt agitari
circà S. Scripturæ majestatem , antiquitatem ,
auctoritatem , obscuritatem , sensuum diversita-
tem , judicem , canonem , versionum originem ,
anthologiam , etc. decidentibus. Non omissis
chronico sacro , tractat. de ponderibus , mensuris ,
monetis , idiotismis linguarum , amplissimis indicibus , etc. authore R. P. Joanne de la Haye ,
Parisiensi , Lectore emerito , Concionatore Regio ,
et in Galliâ Minorum Procuratore generali. Omnia
novemdecim voluminibus comprehensa. *Lutetiæ
Parisiorum , sumptibus D. Bechet et L. Billaine , soc. Antonii Bertier , Simeonis Piget.
1660. Cum privilegio Regis , et approbatione
Doctorum.*

Cette volumineuse et assez rare édition fait le N° 121
de la Bibliographie instructive. Notre exemplaire n'est

malheureusement pas complet , quoique bien conditionné. Il ne nous manque cependant que le cinquième tome. On trouve à la page 639 du second : *Parisiis ex typographiâ Joan. Hénault.* 1655. Quelques-unes des grandes capitales sont dessinées et gravées en bois ; mais la plupart sont comme aujourd'hui. On y trouve les versions latines des traductions en diverses langues , même du Pseautier Ethiopien. L'ouvrage est redigé avec beaucoup de soin , et l'impression en est assez belle. On lit à la fin du tome 9. *Parisiis , ex typographiâ Joan. Henault , Bibliopolæ jurati.* 1657. A la fin du tome 10 , c'est 1658. Le tome 11 est de 1659. Le tome 12 finit l'Ancien Testament. A la fin du tome 13 , on lit : *Parisiis, ex typographiâ Francisci le Cointe* , 1658. Même imprimeur pour le tome 14 , en 1659. Jean Henault revient cette même année au tome 15 , ainsi qu'aux tomes 16 et 17. La Chronique et les *Index* remplissent les deux derniers volumes. Le dernier porte encore le nom de Jean Hénault , en 1660.

3°. *Cornelius à Lapide.*

N° 254. Cornelius à Lapide Commentarii in omnes Epistolas Sancti Pauli.

Le frontispice manque. L'Epître dédicatoire , adressée à *Matthias Hovius Archiepiscopus Mechliniensis* , est signée *Cornelius Cornelii* , 1614. L'approbation du censeur est du 14 Janvier 1613 , et la permission d'imprimer est datée d'Anvers le 21 Mars 1614. Il paraît que ce volume appartient à l'édition d'Anvers , que de Bure dit la meilleure. Il y a 1098 pages numérotées avant l'*Index.*

N° 255. Cornelius à Lapide in Pentateuchum commentaria. *in-folio.*

Le frontispice manque. L'Epître dédicatoire est adressée
à l'Archevêque Duc de Cambrai, *Henrico Francisco Vander
Burch.* La permission d'imprimer est datée d'Anvers le 23
Août 1616. Ainsi ce volume appartient à l'édition d'Anvers,
ou est la copie d'une édition précédente, publiée à Anvers.
Ce qui prouve que c'est la seconde hipothèse qu'il faut
adopter ici, c'est qu'il y a un privilège du Roi de France,
daté de Bourdeaux, le 10 Octobre 1615. Il y a 1080 pages
numérotées avant l'*Index.*

Nᵒ 256. Rever. Patris Cornelii Cornelii à Lapide
è Societate Jesu, in Lovaniensi Academiâ sacræ
Scripturæ Professoris, in omnes D. Pauli Epistolas
commentaria. Nunc primùm in Galliâ excusa.
Parisiis : è typographiâ Edmundi Martini.
*16*18. *Cum privilegio Regis. in-folio.*

Ce volume est la réimpression du Nᵒ 254, mais moins
belle, et un peu plus serrée, puisqu'il n'y a que 1036 pages
de numérotées avant l'*Index.* L'Epître dédicatoire, l'approbation du Censeur, et la permission d'imprimer, sont les
mêmes.

Nᵒ 257. R. P. Cornelii Cornelii à Lapide Soc.
Jesu, in Academiâ Lovaniensi sacræ Scripturæ
Professoris, in omnes Divi Pauli Epistolas com-
mentaria. Editio ultima, aucta et recognita. *Pa-*
risiis, sumptibus Dionysii de la Noue. 1621.
Cum privilegio.

Ce volume ne diffère du précédent que par le frontispice
que l'on paraît y avoir changé. Le nombre des pages y
est le même.

Nº 258. R. P. Cornelii Cornelii à Lapide, è Societate Jesu, in Academiâ Lovaniensi S. Scripturæ
Professoris : in omnes Divi Pauli Epistolas commentaria. Editio u , etc.

Le reste du titre est déchiré. Mais cette première lettre fait
voir qu'il devait y avoir *ultima* comme dans la précédente.
L'Epître dédicatoire est datée de Louvain , 1614, et signée
Cornelius Cornelius Soc. Jesu. La permission d'imprimer
et l'approbation du Censeur sont les mêmes qu'au Nº 254.
Mais il n'y a ici que 984 pages numérotées avant l'*Index* ,
en sorte que cette édition paraît moins complète et conséquemment antérieure à celle du Nº 254 ; ce qui prouverait
qu'elle serait aussi d'Anvers : mais la vérité est qu'elle est
seulement plus serrée , et l'on se convaincra qu'elle a été
imprimée en France , par la vignette qui est au-dessus de
l'épître dédicatoire , et où sont les trois fleurs de lis qui
désignent les armes du Roi.

Nº 259. R. P. Cornelii Cornelii à Lapide è Soc.
Jesu , in Academiâ Lovaniensi sacræ Scripturæ
Professoris , in Pentateuchum Mosis commentaria.
Editio ultima , aucta et recognita. *Parisiis , è
typographiâ Renati Giffart.* 1621. *Cum pri-
vilegio.*

1032 pages numérotées avant l'*Index*. C'est ce qui distingue cette édition du Nº 255 qui paraît plus ancien. Le
privilège daté de Bourdeaux ne se trouve pas non plus ici ,
et l'épître dédicatoire est adressée à Henri *Vender* au lieu
de *Vander Burch* , ce qui est une faute d'impression.

Nºˢ 260, 261. Commentaria in quatuor Prophetas

majores, auctore R. P. Cornelio Cornelii à Lapide , è Societate Jesu, olim in Lovaniensi, nunc in Romano Collegio sacrarum litterarum Professore. *Parisiis , apud Societatem minimam.* 1622. *Et à la fin : Parisiis , apud Josephum Cotte-reau , Sebastianum Chappelet , Abrahamum Pacard , Jacobum Quesnel , Dionisium Mo-rem , et Samuelem Thiboust.* 4 *volumes in-folio reliés en deux.*

Les quatre sont Isaïe, Daniel, Jérémie à la suite duquel on trouve Baruch, et Ezéchiel. En tête de chaque volume est une assez belle estampe représentant le Prophète appartenant à chacun.

N° 262. Commentaria in quatuor Prophetas majores : auctore R. P. Cornelio Cornelii à Lapide , è Societate Jesu , olim in Lovaniensi , nunc in Romano Collegio sacrarum litterarum Professore : cui accessit index rerum , et verborum memorabilium locupletissimus. *Lugduni , sumptibus Antonii Pillehotte.* 1622. *Cum privilegio Regis. in-folio.*

Cette édition paraît la contrefaçon de la précédente, qui est plus belle. Celle-ci est divisée de même en quatre parties, mais reliées en un seul volume. Chaque partie a son estampe, la même que dans l'autre édition.

N° 263. Commentaria in duodecim Prophetas minores, auctore R. P. Cornelio Cornelii à Lapide è Societate Jesu ; olim in Lovaniensi , post verò in Romano Collegio sacrarum litterarum Professore. 1625. *Lugduni sumptibus Claudii Landry. in-folio.*

Le frontispice représentant la Trinité et les douze petits Prophètes très-bien groupés , est dessiné et gravé par C. Audran.

N° 264. R. P. Cornelii Cornelii à Lapide , è Societate Jesu , in Academiâ Lovaniensi sacræ Scripturæ Professoris , in omnes Divi Pauli Epistolas commentaria. Editio ultima aucta et recognita. *Lutetiæ Parisiorum , sumptibus Roberti Fouet.* 1625. *Cum privilegio Regis. in-folio.*

Cette édition a 1036 pages avant l'*Index* , comme celle de 1618 ; mais le frontispice est différent.

N° 265. R. P. Cornelii Cornelii à Lapide , *etc. comme ci-dessus. Ex officinâ typographicâ Edmundi Martini.* 1625. *Cum privilegio Regis.*

En 1036 pages in-folio avant les *Index* , de même que la précédente.

N° 266. R. P. Cornelii Cornelii à Lapide , è Soc. Jesu , in Academiâ Lovaniensi sacræ Scripturæ Professoris , in Pentateuchum Mosis commentaria. Editio ultima , aucta et recognita. *Lutetiæ Parisiorum , ex officinâ typographicâ Edmundi Martini.* 1626. *Cum privilegio et approbationibus. in-folio.*

Il y a 1032 pages avant l'*Index* , comme dans l'édition de 1621.

N° 267. Commentaria in Epistolas canonicas : auctore R. P. Cornelio Cornelii à Lapide è Societate Jesu , olim in Lovaniensi , post verò in Romano Collegio sacrarum litterarum Professore. *Lugduni , sumptibus Jacobi et Matthæi Prost fratrum.* 1627. *Cum privilegio christianissimæ Majestatis. in-folio.*

La dédicace est de l'Imprimeur , et l'impression a été terminée le 25 Décembre 1626.

N° 268. R. P. Cornelii Cornelii à Lapide è Soc. Jesu , in Academiâ Lovaniensi sacræ Scripturæ Professoris , in Pentateuchum Mosis commentaria : editio ultima , aucta et recognita. *Lutetiæ Parisiorum , sumptibus Roberti Fouet.* 1630. *Cum privilegio et approbationibus. in-folio.*

1032 pages numérotées avant l'*Index* , comme dans l'édition numérotée 259. Mais le nom propre *Vander Burch* est imprimé tel qu'il doit être écrit.

N° 269. Commentaria in duodecim Prophetas minores : auctore R. P. Cornelio Cornelii à Lapide , è Societate Jesu : olim in Lovaniensi ; post verò in Romano Collegio sacrarum litterarum Professore. *Parisiis , apud Hervetum du Mesnil.* 1630. *in-folio. 2 volumes reliés en un ; mais le second est sans frontispice.*

N° 270. *Id. Même année. Parisiis , apud Claudium Collet. Aussi en deux volumes in-folio
reliés ensemble , et dont le second est sans
frontispice.*

N° 271. *Id. Même année. Parisiis , apud Ger-
vasium Alliot. in-folio , en deux volumes qui
n'en font qu'un , et dont le second est sans frontispice , quoique chacun ait ses* Index *particuliers , comme dans les deux exemplaires précédens.*

N° 272. R. P. Cornelii Cornelii à Lapide , è Societate Jesu , in Academiâ Lovaniensi sacræ Scripturæ Professoris , in omnes Divi Pauli Epistolas
commentaria. Editio ultima aucta et recognita.
Parisiis , apud Sebastianum Chappelet. 1631.
Cum privilegio Regis. in-folio , avec plusieurs
Index *à la fin.*

N° 273. Commentaria in Acta Apostolorum auctore R. P. Cornelio Cornelii à Lapide è Societate
Jesu , olim in Lovaniensi , post verò in Romano
Collegio sacrarum litterarum Professore. *Parisiis ,
sumptibus Jacobi et Matthæi Prost , fratrum.*
1631. *in-folio.*

Le frontispice est une belle gravure de C. Audran.

N° 274. Commentaria in Epistolas canonicas :
auctore R. P. Cornelio Cornelii à Lapide è Societate

cietate Jesu, olim in Lovaniensi, post verò in Romano Collegio sacrarum litterarum Professore. *Lutetiæ Parisiorum, sumptibus Jacobi, Andreæ et Matthæi Prost.* 1631. *in-folio. Cum privilegio christianissimi Regis.*

On trouve à la fin un seul *Index rerum memorabilium.*

N° 275. Commentaria in Apocalypsin S. Johannis Apostoli : auctore R. P. Cornelio Cornelii à Lapide è Societate Jesu, olim in Lovaniensi, post verò in Romano Collegio sacrarum litterarum Professore. *Lutetiæ Parisiorum, sumptibus Jacobi, Andreæ et Matthæi Prost.* 1631. *Cum privilegio Regis christianissimi. in-folio.*

Il y a un seul *Index* et quelques additions.

N° 276. Commentaria in Acta Apostolorum, auctore R. P. Cornelio Cornelii à Lapide, è Societate Jesu; olim in Lovaniensi, post verò in Romano Collegio sacrarum litterarum Professore. *Parisiis.* 1631. *in-folio. Avec un frontispice bien gravé par C. Audran.*

Id. In Epistolas Canonicas. *Parisiis,* 1631. *Cum privilegio christianissimi Regis.*

Id. In Apocalypsin S. Johannis Apostoli. *Parisiis,* 1631. *Cum privilegio Regis christianissimi. Avec les mêmes additions qu'au numéro précédent.*

E

Ces trois volumes reliés ensemble, ne forment ainsi qu'un volume in-folio.

N° 277. Ecclesiasticus Jesu filii Sirach : illustratus accurato commentario R. P. Cornelii à Lapide, ex Societate Jesu, Lovanii primùm, nunc Romæ, sacræ Scripturæ Professoris. *Lugduni, ex officinâ Landrianâ. Sumptibus Claudii Dufour et Claudii Gapaillon.* 1633. *Cum privilegio Regis. Un seul volume in-folio divisé en trois parties par la pagination.*

N° 278. Ecclesiasticus Jesu Siracidis, expositus accurato commentario R. P. Cornelii à Lapide ex Societate Jesu, S. Scripturæ olim Lovanii, posteà Romæ Professoris. *Lugduni, ex officinâ Landrianâ, sumptibus Claudii du Four et Claudii Gapaillon.* 1634. *Cum privilegio Regis. in-fol. divisé en trois parties comme le précédent dont il ne diffère que par le frontispice qui est ici gravé par Huret.*

N° 279. Salomon sive Commentarius in Proverbia Salomonis, in duas partes divisus. Authore R. P. Cornelio Cornelii à Lapide ex Societate Jesu, S. Scripturæ olim Lovanii, posteà Romæ Professore. *Lutetiæ Parisiorum, sumptibus Sebastiani Cramoisy, typographi Regii ordinarii, et Gabrielis Cramoisy.* 1635. *Cum privilegio Regis christianissimi. in-fol. 2 part. rel. en un seul vol.*

N° 280. Commentaria in duodecim Prophetas minores : auctore R. P. Cornelio Cornelii à Lapide è Societate Jesu, olim in Lovaniensi, post verò in Romano Collegio sacrarum litterarum Professore. *Lutetiæ Parisiorum , apud Joannem Billaine.* 1635.

Id. In sex posteriores Prophetas minores. *Avec la même date ; et le tout est relié en un seul volume in-folio.*

N° 281. R. P. Cornelii Cornelii à Lapide, è Soc. Jesu, in Academiâ Lovaniensi sacræ Scripturæ Professoris, in Pentateuchum Mosis commentaria : editio ultima aucta et recognita. *Lutetiæ Parisiorum , apud viduam P. Chevalier , et Andream Chevalier.* 1637. *Cum privilegio et approbationibus.*

1004 pages avant les *Index.*

N° 282. Commentarii in Canticum Canticorum , auctore R. P. Cornelio Cornelii à Lapide è Societate Jesu , S. Scripturæ olim Lovanii , posteà Romæ Professore. Indicibus necessariis illustrati nunc primùm prodeunt. *Lugduni , sumptibus Gabrielis Boissat et socior.* 1637. *Cum privilegio Regis.*

Les *Index* terminent ce volume in-folio.

N° 283. R. P. Cornelii à Lapide è Societate Jesu ,

S. Scripturæ olim Lovanii, posteà Romæ Pro‑ fessoris commentarii in IV Evangelia, in duo vo‑ lumina divisi. *Lugduni, sumpt. Jacobi et Petri Prost.* 1638. *2 volumes in‑folio, reliés en un, dont chacun est terminé par ses Tables par‑ ticulières.*

Le premier contient les Evangiles de S. Matthieu et de S. Marc; le second ceux de S. Luc et de S. Jean.

Nº 284. R. P. Corn. Cornelii à Lapide è Societate Jesu, S. Scripturæ olim Lovanii posteà Romæ Professoris, in Librum Sapientiæ commentarius. Indicibus locorum sacræ Scripturæ rerum et ver‑ borum instructus. *Parisiis, sumptibus Sebas‑ tiani Cramoisy, typographi Regii ordinarii : et Gabrielis Cramoisy.* 1639. *Cum privilegio Regis christianissimi.*

Id. In Ecclesiasten commentarius. *Même date et même Libraire. Ces deux ouvrages sont reliés en un seul volume in‑folio.*

Nº 285. Commentarius in Josue, Judicum, Ruth, IV Libros Regum et II Paralipomenon : auctore R. P. Cornelio Cornelii à Lapide è Societate Jesu, S. Scripturæ olim Lovanii, posteà Romæ Pro‑ fessore. Cum triplici Indice. *Antverpiæ, apud Joannem Meursium, anno* 1642. *2 volumes in‑folio.*

Les trois *Index* qu'annonce le titre, sont à la fin du second.

Nº 286. R. P. Corn. Cornelii à Lapide è Societate Jesu, S. Scripturæ olim Lovanii, posteà Romæ Professoris, in Josue, Judices et Ruth commentarii, indicibus locorum sacræ Scripturæ, rerum et verborum instructi. *Parisiis, sumptibus Sebastiani Cramoisy, architypographi Regii : et Gabrielis Cramoisy.* 1642. *Cum privilegio Regis christianissimi.*

Id. In Libros Regum et Paralipomenon commentarius. *Même date et même année.*

Ces deux tomes sont reliés en un seul volume in-folio, et l'on voit qu'ils sont la contrefaçon du volume précédent, quoiqu'avec quelques différences.

Nº 287. Ecclesiasticus Jesu filii Sirach, expositus accurato commentario, à R. P. Cornelio à Lapide è Societate Jesu, Lovanii primùm, posteà Romæ, sacræ Scripturæ Professore. *Parisiis, sumptibus Petri Chaudiere.* 1642. *Cum privilegio Regis. Un volume in-folio divisé en deux parties.*

Nº 288. Commentaria in Ecclesiasticum, auctore R. P. Cornelio Cornelii à Lapide, è Societate Jesu : olim in Lovaniensi, nunc in Romano Collegio sacrarum litterarum Professore. Editio secunda ab auctore aucta et correcta. *Antverpiæ, apud Joannem Meursium, anno* 1643. *Cum privilegio Cæsareo, et Regis Hispaniarum. in-folio.*

On voit que les éditions d'Anvers, faites sous les yeux de l'Auteur, doivent être préférées à celles de Paris.

N° 289. R. P. Cornelii Cornelii à Lapide, è Societate Jesu, in Academiâ Lovaniensi S. Scripturæ Professoris : in omnes divi Pauli Epistolas commentaria. Editio ultima, aucta et recognita. *Lugduni, sumptibus Joannis Amati Candy, typographi Regii.* 1644. 984 *pages in-folio avant les* Index.

On pourrait donc croire que cette édition est la même que celle numérotée 258 ; mais elle en diffère entr'autres choses en ce qu'après le frontispice, l'épître dédicatoire adressée à Matthias Hovius, *Archiepiscopus Mechliniensis,* est surmontée, dans le N° 258, par une vignette où se trouvent les armes des Rois de France, au lieu qu'ici cette vignette ne contient que deux sirènes entre deux masques.

N° 290. Commentarius in Esdram, Nehemiam, Tobiam, Judith, Esther, et Machabæos, auctore R. P. Cornelio Cornelii à Lapide è Societate Jesu, sacræ Scripturæ olim Lovanii, posteà Romæ Professore. Cum triplici Indice. *Antverpiæ, apud Joannem et Jacobum Meursios. Anno* 1645. *in-folio.*

Ce volume, quoique fort mince, est divisé en deux parties.

N° 291. R. P. Corn. Cornelii à Lapide è Societate Jesu, S. Scripturæ olim Lovanii, posteà Romæ Professoris, in Esdræ, Nehemiæ, Tobiæ, Judith, Esther, et Machabæorum Libros : commentarii , indicibus locorum sacræ Scripturæ , rerum et verborum instructi. *Parisiis , sumptibus Sebastiani Cramoisy , Regis ac Reginœ architypographi , et Gabrielis Cramoisy.* 1645. *Cum privilegio Regis christianissimi. in-folio.*

Contrefaçon de l'édition précédente.

N° 292. Commentaria in duodecim Prophetas minores , auctore R. P. Cornelio Cornelii à Lapide , è Societate Jesu , olim in Lovaniensi, post in Romano Collegio sacrarum litterarum Professore. *Antverpiæ , apud Joann. et Jac. Meursios. Anno* 1646. *Cum privilegio Cæsareo et Regis Hispaniarum. in-folio ,* avec trois Index *à la fin.*

N° 293. Commentaria in Acta Apostolorum , Epistolas Canonicas , et Apocalypsin. Auctore R. P. Cornelio Cornelii à Lapide , è Societate Jesu, olim in Lovaniensi, post in Romano Collegio sacrarum litterarum Professore. Editio ultima aucta et recognita. *Antverpiæ , apud Joann : et Jacob : Meursios ,* 1647. *Cum privilegio Cæsareo et Regis Hispaniarum. in-folio.*

Le frontispice gravé par Corn. Galle.

N° 294. Commentaria in Pentateuchum Mosis , Auctore R. P. Cornelio Cornelii à Lapide , è Societate Jesu , olim in Lovaniensi , nunc in Ro-

F 4

mano Collegio sacrarum litterarum Professore. Ultima editio aucta et recognita. *Antverpiæ, apud Joan: et Jac: Meursios , anno 1648. Cum privilegio Cæsareo , et Regis Hispaniarum , etc. in-folio.*

Le frontispice est bien gravé , quoique l'Auteur n'y ait pas mis son nom.

N°s 295 , 296. R. P. Corn. Cornelii à Lapide è Societate Jesu , S. Scripturæ olim Lovanii, posteà Romæ Professoris commentarii in IV Evangelia , in duo volumina divisi. Editio novissima. *Lugduni , sumptibus Laurentii Anisson et soc. 1649. Cum privilegio Regis. 2 volumes in-folio , dont chacun a ses Tables particulières.*

N°s 297 , 298. R. P. Corn. Cornelii à Lapide è Societate Jesu , S. Scripturæ olim Lovanii, posteà Romæ Professoris commentarii in IV Evangelia , in duo volumina divisi. Editio novissima. *Lugduni , sumptib. Hæred. Petri Prost , Philippi Borde et Laurentii Arnaud. 1649. Cum privilegio Regis. 2 vol. in-folio , qui ne diffèrent des précédens que par le frontispice.*

Le privilège est de Louis XIII , en faveur de Jacques Prost et de ses fondés de pouvoir , avec une cession de Jacques Prost pour moitié en faveur de Gabriel Brossat et compagnie. Le privilège est du 28 Juin 1638 , et la cession du 6 juillet 1638.

N° 299. Commentaria in omnes divi Pauli Epistolas : auctore R. P. Cornelio à Lapide, è Societate Jesu, olim in Lovaniensi, post in Romano Collegio sacrarum litterarum Professore. Ultima Editio, aucta et recognita. Cum privilegio Cæsareo, et Regis Hispaniarum. *Antverpiæ, apud Jacobum Meursium. Anno* 1656. *in-folio.*

N° 300. Commentarii in Ecclesiasten auctore R. P. Cornelio Cornelii à Lapide è Societate Jesu, S. Scripturæ olim Lovanii, posteà Romæ Professore: indicibus necessariis illustrati. *Antverpiæ, apud Jacobum Meursium. Anno* 1657. *Cum privilegio Cæsareo et Regis Hispaniæ.* 1657.

N° 301. Commentaria in Pentateuchum Mosis, auctore R. P. Cornelio Cornelii à Lapide, è Societate Jesu, olim in Lovaniensi, post in Romano Collegio sacrarum litterarum Professore. Ultima editio aucta et recognita. *Antverpiæ, apud Jacobum Meursium, anno* 1659. *Cum privilegio Cæsareo et Regis Hispaniarum, etc.*

N° 302. Commentaria in Salomonis Proverbia. Auctore R. P. Cornelio Cornelii à Lapide è Societate Jesu. Editio altera ab auctore aucta. *Antverpiæ, apud Jacobum Meursium, anno* 1659. *Cum privilegio Cæsareo et Regis Hispaniarum.*

Le frontispice est assez bien gravé par Cor. Galle.

N° 303. Commentarius in quatuor Evangelia , auctore R. P. Cornelio Cornelii à Lapide , è Societate Jesu , olim in Lovaniensi, posteà in Romano Collegio , sacrarum litterarum Professore. *Antverpiæ , apud Jacobum Meursium. Anno 1660. Cum privilegio S. Cæsareæ Majestatis , et Regis Hispaniæ. 2 vol. in-folio reliés en un.*

N° 304. Commentaria in duodecim Prophetas minores , auctore R. P. Cornelio Cornelii à Lapide , è Societate Jesu , olim in Lovaniensi, post in Romano Collegio sacrarum litterarum Professore. *Antverpiæ , apud Jacobum Meursium. Anno 1661. Cum privilegio Cæsareo et Regis Hispaniarum.*

N° 305. Commentaria in Acta Apostolorum , Epistolas Canonicas , et Apocalypsin. Auctore R. P. Cornelio Cornelii à Lapide è Societate Jesu, olim in Lovaniensi , post in Romano Collegio sacrarum litterarum Professore. Editio ultima aucta et recognita. *Antverpiæ , apud Jacobum Meursium. 1662. Cum privilegio Cæsareo et Regis Hispaniarum.*

N° 306. Commentaria in Ecclesiasticum auctore R. P. Cornelio Cornelii à Lapide , è Societate Jesu , olim in Lovaniensi, post in Romano Collegio sacrarum litterarum Professore. Editio ultima aucta et correcta. *Antverpiæ , apud Jacobum*

Meursium. Anno 1663. *Cum privilegio Cæsa-reo , et Regis Hispaniarum.*

N° 307. Commentarius in Josue, Judicum, Ruth, IV Libros Regum et II Paralipomenon , auctore R. P. Cornelio Cornelii à Lapide è Societate Jesu , S. Scripturæ olim Lovanii, posteà Romæ Professore, cum triplici Indice. *Antverpiæ , apud Jacobum Meursium. Anno* 1664. *2 vol. reliés en un.*

N° 308. Commentaria in quatuor Prophetas majores : auctore R. P. Cornelio Cornelii à Lapide , è Societate Jesu , olim in Lovaniensi , post in Romano Collegio sacrarum litterarum Professore. Postrema editio aucta et recognita. *Antverpiæ apud Jacobum Meursium. Anno* 1664. *Ex bibliothecâ Vaticanâ.*

N° 309. Commentaria in Acta Apostolorum , Epistolas Canonicas , et Apocalypsin. Auctore R. P. Cornelio Cornelii à Lapide , è Societate Jesu , olim in Lovaniensi , post in Romano Collegio sacrarum litterarum Professore. Editio ultima aucta et recognita. *Antverpiæ , apud Jacobum Meursium.* 1672. *Cum privilegio Cæsareo et Regis Hispaniarum.*

N° 310. Commentaria in duodecim Prophetas minores, auctore R. P. Cornelio Cornelii à Lapide , è Societate Jesu, olim in Lovaniensi, post in Romano Collegio sacrarum litterarum Professore. *Antverpiæ , apud Jacobum Meursium. Anno 1673. Cum privilegio Cæsareo et Regis Hispaniarum.*

N° 311. Commentaria in Ecclesiasticum , auctore R. P. Cornelio Cornelii à Lapide , è Societate Jesu, olim in Lovaniensi , post in Romano Collegio sacrarum litterarum Professore. Editio ultima aucta et correcta. *Antverpiæ , apud Jacobum Meursium. Anno 1674. Cum privilegio Cæsareo , et Regis Hispaniarum.*

N° 312. Commentaria in quatuor Prophetas majores. Auctore R. P. Cornelio Cornelii à Lapide , è Societate Jesu , olim in Lovaniensi, post in Romano Collegio sacrarum litterarum Professore. Postrema editio aucta et recognita. *Antverpiæ , apud Jacobum Meursium. Anno 1676 , ex bibliothecâ Vaticanâ.*

N° 313. Commentarius in Josue, Judicum, Ruth, IV Libros Regum et II Paralipomenon. Auctore R. P. Cornelio Cornelii à Lapide è Societate Jesu. S. Scripturæ olim Lovanii, posteà Romæ Professore, cum triplici Indice. *Antverpiæ , apud Jacobum Meursium. Anno 1676. 2 vol. in-folio , reliés dans cet exemplaire avec le troisième qui suit ;*

Commentarius in Esdram , Nehemiam , Tobiam , Judith , Esther , et Machabæos , auctore R. P. Cornelio Cornelii à Lapide è Societate Jesu , sacræ Scripturæ olim Lovanii , posteà Romæ Professore , cum triplici Indice. *Antverpiæ, apud Jacobum Meursium. Anno* 1679.

N° 314. Commentaria in omnés divi Pauli Epistolas. Auctore R. P. Cornelio Cornelii à Lapide , è Societate Jesu , olim in Lovaniensi , post in Romano Collegio sacrarum litterarum Professore. Ultima editio , aucta et recognita. Cum privilegio Cæsareo , et Regis Hispaniarum. *Antverpiæ , apud Jacobum Meursium. Anno* 1679.

N° 315. Commentarii in Ecclesiasten , auctore R. P. Cornelio Cornelii à Lapide è Societate Jesu , S. Scripturæ olim Lovanii , posteà Romæ Professore : Indicibus nécessariis illustrati. *Antverpiæ, apud Jacobum Meursium. Anno* 1680. *Cum privilegio Cæsareo et Regis Hispaniæ.*

Id. In Canticum Canticorum.

Id. In Librum Sapientiæ.

Ces trois volumes sont reliés en un seul.

N° 316. Commentaria in Pentateuchum Mosis , auctore R. P. Cornelio à Lapide , è Societate Jesu , olim in Lovaniensi , post in Romano Collegio sacrarum litterarum Professore. Ultima editio aucta et recognita. *Antverpiæ, apud Jacobum Meursium. Anno* 1681. *Cum privilegio Cæsareo, et Regis Hispaniarum, etc.*

Nº 317. Commentaria in Salomonis Proverbia. Auctore R. P. Cornelio Cornelii à Lapide, è Societate Jesu. *Antverpiæ, apud Jacobum Meursium. Anno* 1681. *Cum privilegio Cæsareo, et Regis Hispaniarum.*

Nº 318. Commentarius in quatuor Evangelia, auctore R. P. Cornelio Cornelii à Lapide, è Societate Jesu, olim in Lovaniensi, posteà in Romano Collegio, sacrarum litterarum Professore. *Antverpiæ, apud Jacobum Meursium. Anno* 1681. *Cum privilegio S. Cæsareæ Majestatis, et Regis Hispaniæ. 2 vol. in-folio reliés en un seul.*

Nᵒˢ 319 – 329. R. P. Corn. Cornelii à Lapide Societatis Jesu commentaria in Vetus et Novum Testamentum. Ultima editio aucta, recognita, à multis mendis purgata, et XI voluminibus comprehensa. *Coloniæ, et veneunt Lugduni, apud Fratres de Tournes.* 1732. *onze vol. in-folio.*

I. In Pentateuchum Mosis.

II. In Josue, Judicum, Ruth, IV Libros Regum et II Paralipomenon. 2 *vol. reliés en un.*

III. In Ecclesiasten, Canticum Canticorum, et Librum Sapientiæ.

IV. In Ecclesiasticum.

V. In Proverbia Salomonis.

VI. In quatuor Prophetas majores.

VII. In duodecim Prophetas minores.

VIII. In Esdram , Nehemiam , Judith , Esther et Machabæos.

IX. In quatuor Evangelia.

X. In Acta Apostolorum , Epistolas Canonicas , et Apocalypsin. *2 vol. reliés en un.*

XI. In omnes divi Pauli Epistolas.

On voit qu'il n'est pas question dans ces commentaires , des Pseaumes ni des Epîtres canoniques.

4°. *Jacques Gordon.*

Nᵒˢ 330—332. Biblia sacra. Cum Commentariis ad sensum literæ , et explicatione temporum, locorum , rerumque omnium quæ in sacris codicibus habent obscuritatem. Auctore R. P. Jacobo Gordono Lesmorio , Societatis Jesu , in tres tomos divisa. *Lutetiæ Parisiorum , sumptibus Sebastiani et Gabrielis Cramoisy.* 1632. *Cum privilegio Regis.* 3 *vol. in-folio.*

Le premier volume renferme la version latine de l'Ancien Testament depuis le Pentateuque jusqu'au Livre de Job , avec une carte détaillée de la Terre sainte.

Le second volume renferme 1°. les Pseaumes en grec et en latin qui suivent la pagination du volume précédent , avec des commentaires ; 2°. ces mêmes Pseaumes en hébreu , avec la version latine interlinéaire de Pagninus , et une pagination particulière. 3°. La fin de l'Ancien Testament, depuis le Livre des Proverbes jusqu'à celui de Job ; c'est-à-dire, leur version latine avec les commentaires aussi en latin.

Le troisième volume a pour titre : *Novum Testamentum Latinè et Græcè. Cum Commentariis ad sensum literæ*, etc. comme à la tête du premier et du second. Le texte entier du Nouveau Testament y est en grec et en latin.

5°. *Jacques Tirinus.*

N°ˢ 333, 334. Rev. Pat. Jacobi Tirini Antverpiani è Societate Jesu Commentariorum in S. Scripturam tomus secundus quo posteriores Libri Veteris Testamenti breviter explicantur. *Antverpiæ, apud Martinum Nutium. Anno* 1632. *Cum privilegio Cæsareo et Regis Hispaniæ.*

Id. Tomus tertius, quo Novum Testamentum explicatur.

On voit que cette édition est en trois tomes ; dont le premier manque.

N°ˢ 335, 336. R. P. Jacobi Tirini Antverpiani, è Societate Jesu in S. Scripturam Commentarius, duobus tomis comprehensus. Primo quidem post varia Prolegomena, Vetus ferè Testamentum : altero duodecim Prophetæ minores, Machabæorum Liber uterque, ac Novum Testamentum explanatur. Quibus subnectuntur indices quinque. Editio novissima. *Lugduni : sumpt. Hieronimi de la Garde, et Joan. Girin.* 1656. *Cum privilegio Regis.* 2 *vol. in-folio.*

N°.

N° 337. R. P. Jacobi Tirini Antuerpiani, è Societate Jesu, Commentarius in sacram Scripturam, duobus tomis comprehensus : primo quidem, post varia Prolegomena, Vetus ferè Testamentum : altero duodecim Prophetæ minores, Machabæorum Liber uterque, ac Novum Testamentum explanantur. Editio novissima, prioribus longè emendatior, cum indicibus quinque secundo tomo subnexis. *Lugduni, apud J. Baptistam et Nicolaum de Ville.* 1702. *Cum privilegio Regis christianissimi.* 2 *vol. in-folio reliés en un avec les* Index *qui forment une troisième pagination.*

N°ˢ 338, 339. *Id.* 1723. *relié en deux volumes, et les* Index *à la fin du second. Le frontispice ne diffère que par la date de l'année.*

N°ˢ 340, 341. R. P. Jacobi Tirini Antuerpiani è Societate Jesu, in sacram Scripturam Commentarius duobus tomis comprehensus, quibus explicantur hoc primo post varia Prolegomena Vetus ferè Testamentum : altero XII Prophetæ minores, Machabæorum Liber primus et secundus, et Novum Testamentum. Subnectuntur indices quinque. *Venetiis,* 1754. *apud Nicolaum Pezzana. Superiorum permissu, ac privilegio.* 2 *vol. in-folio.*

G

Les *Index* à la fin du second , comme dans l'édition précédente.

6°. *Bibles entières avec Commentaires.*

N° 342. Biblia sacra. *Le frontispice manque , ainsi que la première page de la table ; mais le texte de la version latine est entier , et on lit à la fin :* Opus recenter per prestantissimum sacre Theologie professorem emendatum : claris litteris impressum multis elucidationibus auctum : feliciter consummatum atque impressum est characteribus Venetis per Jacobum Sacon in arte impressoriâ disertissimum. Anno ab Incarnatione Domini millesimo quingentesimo sexto X die Novembris.

Les *Interpretationes nominum Hebraicorum* terminent ce volume où les grandes capitales sont désignées par de petites lettres.

N° 343. Biblia , *etc. comme ci-dessus. Parisiis ex officinâ Roberti Stephani. 1532. Cum privilegio Regis.*

Cette Bible a évidemment servi de modèle à la Bible qui dans ce Catalogue est numérotée 62 , imprimée en 1537.

N° 344. Vulgata æditio Veteris ac Novi Testamenti, quorum alterum ad Hebraïcam , alterum ad Græcam veritatem emendatum est diligentis-

sìmè , ut nova æditio non facilè desyderetur ,
et vetus tamen hîc agnoscatur : adjectis ex eru-
ditis scriptoribus scholiis , ità ubi opus est , locu-
pletibus , ut pro commentariis sint : multis certè
locorum millibus præsertim difficilioribus , lucem
afferunt. Authore Isidoro Clario Brixiano , Monacho Casinate. *Venetiis , apud Petrum Schoeffer , Maguntinum Germanum. Anno* 1542.

Le frontispice est orné de plusieurs gravures à personna-
ges , et le volume est divisé en trois parties dont chacune
a sa pagination différente. Le papier ne paraît pas empreint
de la tête de taureau. Je n'ai pu bien en distinguer la
marque.

N° 345. Τῆς θείας γραφῆς, παλαίας δηλαδη και νεας διαθηκης,
απαντα. Divinæ Scripturæ , Veteris ac Novi Testamenti , omnia ; innumeris locis nunc demùm
et optimorum Librorum collatione , et Doctorùm
virorum operâ, multò quàm unquàm anteà emen-
datiora , in lucem edita. Cùm Cæs. Majest.
gratiâ et privilegio ad quinquennium. *Basileæ ,
per Joan. Hervagium.* 1545. *mense Martio.*

Cette Bible , qui est entièrement grecque , contient
l'Ancien et le Nouveau Testament , sans commentaires.
Elle aurait dû être placée ci-dessus parmi les Bibles grec-
ques , avant le N° 43.

N° 346. Biblia sacra , cum notis Sebastiani Cas-
talionis.

Le frontispice manque ; mais l'épître dédicatoire est datée

de Bâle 1551, et en latin. L'Ancien Testament est divisé en deux parties ; une troisième donne le Nouveau Testament, et une quatrième les notes ornées de plusieurs planches gravées. Le tout est en latin et ne forme qu'un seul volume in-folio.

N° 347. Explicationes Catholicæ locorum ferè omnium Veteris ac Novi Testamenti, quibus ad stabiliendas hæreses nostrâ tempestate abutuntur hæretici, per Rever. in Christo Patrem D. D. Felicianum Capitonum Narniensem, ex instituto Fratrum Servorum, Ecclesiæ Avinionensis Archiepiscopum, collectæ. Et per Rever. P. Fr. Gaudiosum Floridum de Perusio, servitanæ familiæ Theologum, authorisq; alumnum, in tres partes digestæ, eodemq; curante nunc primùm in lucem editæ. Cum fidelissimo, atque copiosissimo rerum notabilium indice. Opus profectò omnibus Scripturæ sacræ studiosis, præcipuè Theologis, concionatoribus, ac lectoribus catholicis, animarumq; curatoribus summè perutile. Cum privilegio. *Venetiis, apud Guerræos fratres, eorumq; socios.* 1579.

Un dialogue en vers latins de Léonardus Roncilio, en l'honneur de l'Auteur, est derrière le frontispice.

N° 348. Joannis Marianæ è Societate Jesu scholia in Vetus et Novum Testamentum. Ad Robertum Bellarminum Cardinalem è Societate Jesu. *Parisiis,* 1620. *Cum privilegio Regis.*

Le Commentateur a inséré parmi ses notes une traduction complète en vers latins des Proverbes, de l'Ecclésiaste et du Cantique des Cantiques de Salomon. On a vu ci-dessus aux N°s 85 et 86 une Bible latine avec les notes de Mariana et celle d'Emmanuel Sa. La traduction en vers de Mariana y est placée en note.

N° 349. R. P. Emmanuelis Sa , D. T. Societ. Jesu , Notationes in totam Scripturam sacram , quibus omnia ferè loca difficilia brevissimè explicantur, tùm variæ ex Hebræo , Chaldæo , et Græco lectiones indicantur. Opus omnibus Scripturæ studiosis utilissimum , certè à plurimis diù multùmque desideratum. Nunc demùm à quodam ejusdem Societatis , secundùm Biblia Vulgatæ editionis , Sixti V et Clem. VIII recognitum et emendatum : necnon sacer textus characterum varietate distinctus. *Lugduni , sumptib. Laurentii Anisson.* 1651. *Cum permissû.*

Il n'y a dans ce volume , que des notes, et le texte ne s'y trouve point.

N° 350. R. P. Joan. Stephani Menochii , Doctoris Theologi , et Societate Jesu , Commentarii totiûs Scripturæ , ex optimis quibusque authoribus collecti. Editio novissima , ab authore postremùm perlecta , emendata , et variis interpretationibus nondùm in lucem editis aucta ; duobus tomis comprehensa. Opus sanè Theologis et concionatoribus maximè utile et pernecessarium. *Lugduni ,*

G 3

sumptibus Francisci Comba. 1697. *Cum privilegio Regis. Deux volumes in-folio reliés en un, tous deux avec le même frontispice, auquel il faut joindre* tomus primus *pour le premier, et* tomus secundus *pour le second.*

N° 351. R. P. Joan. Stephani Menochii, Doctoris Theologi, è Societate Jesu, Commentarii, *etc. comme ci-dessus, excepté qu'après le mot* aucta, *on lit* et à quàm plurimis mendis, quibus cæteræ nunc usque scatebant, expurgata.

Tout le reste est comme dans l'édition précédente, à l'exception de la date qui est de 1703. Le frontispice est d'ailleurs entièrement le même.

N° 352. Biblia sacra, Vulgatæ editionis, Sixti V et Clementis VIII Pont. Max. auctoritate recognita, versiculis distincta. Unà cum selectis annotationibus ex optimis quibusque Interpretibus excerptis, Prolegomenis, novis Tabulis chronologicis, historicis et geographicis illustrata, indiceque Epistolarum et Evangeliorum aucta. Auctore J. B. du Hamel, Presbytero et exProfessore Regio. *Parisiis, apud Joannem-Baptistam Delespine.* 1705. *Cum privilegio Regis.*

Le texte de la Bible se trouve entier dans cette édition, avec de courtes notes au bas des pages.

N° 353. Biblia sacra Vulgatæ editionis, Sixti V. Pontificis Maximi jussû recognita; et Clementis

VIII. auctoritate edita ; distincta versiculis , cum indice materiarum , necnon Epistolarum , et Evangeliorum. *Lugduni , sumptibus Francisci Barbier , typ. Reg. Joannis Coutavoz , Andreæ Laurens , et Claudii Martin , typogr. 1705. Cum privilegio Regis.*

Les Livres Apocriphes et les Préfaces de Saint Jérôme sont après l'Apocalipse ; mais il n'y a point de Commentaires. On trouve seulement à la fin 1°. la table des Témoignages sur le Christ et les Apôtres , tirés de l'Ancien Testament , et cités dans le Nouveau ; 2°. l'interprétation des noms Hébreux , Chaldéens et Grecs ; 3°. la table des Matières de la Bible ; 3°. la table des Epîtres et des Evangiles.

N° 354. R. P. Joan. Stephani Menochii Doctoris Theologi , è Societate Jesu , Commentarii totiûs Scripturæ , ex optimis quibusque authoribus collecti. Editio novissima , diligenter recognita et emendata , duobus tomis comprehensa. Opus sanè Theologis et concionatoribus maximè utile et pernecessarium. *Lugduni , sumptibus Petri Valfray , Regis et Cleri typographi. 1731. Cum privilegio Regis. Deux volumes reliés en un avec le même frontispice , comme dans les éditions numérotées 352 et 353.*

7°. *Dionysius à Rikel, ou Denis le Chartreux.*

Les Œuvres de cet Auteur n'ont point été rassemblées en corps ; mais il a commenté toute la Bible, et l'on a écrit à la main le numéro des tomes que l'on avait rangés suivant l'ordre des matières.

N° 355. D. Dionysii Carthusiani enarrationes piæ ac eruditæ, in quinque Mosaicæ Legis libros, hoc est, Genesim, Exodum, Leviticum, Numerorum, Deuteronomium. Cum gratiâ et privilegio. *Coloniæ suis impensis Petrus Quentel excudebat. Anno* 1534. *mense Martio.*

Cette date est répétée encore à la fin du volume.

N° 356. D. Dionysii Carthusiani enarrationes piæ ac eruditæ, in quinque Mosaïcæ Legis libros, hoc est, Genesim, Exodum, Leviticum, Numeros, Deuteronomium : jàm denuò studiosiùs recognitæ, multisq; à mendis vindicatæ. *Coloniæ ex officinâ Joannis Quentel, anno* 1548. *mense Augusto. Cum gratiâ et privilegio Imperiali.*

On voit que cet ouvrage est le même que le précédent. Cette dernière édition forme le tome qui par son étiquète comme par son sujet, est le premier des œuvres de l'Auteur.

N° 357. D. Dionysii Carthusiani enarrationes piæ ac eruditæ, in Libros Josue, Judicum, Ruth,

Regum I. II. III. IIII. Paralipomenon I. II. Cum gratiâ et privilegio. *Coloniæ , suis impensis Petrus Quentell excudebat. Anno* 1535.

La même date est répétée à la fin *mense Januario.*

N° 358. D. Dionysii Carthusiani enarrationes piæ ac eruditæ in Libros Josue , Judicum , Ruth , Regum primum, secundum , tertium et quartum , item Paralipomenôn primum et secundum : ex authoris archetypo nunc iterùm recognitæ, et ab innumeris (id quod sedulo collatori facilè constabit) propè mendis summâ curâ vindicatæ. Cum Indice novo locupletiss. *Coloniæ ex officinâ hæredum Joannis Quentel , mense Februario , 1552. Cum gratiâ et privilegio Imperiali ad quinquennium.*

C'est le second tome de la collection.

N° 359. D. Dionysii Carthusiani piæ ac eruditæ enarrationes in Lib. Job , Tobiæ , Judith , Hester, Esdræ , Nehemiæ , I Machabæorum , II Machabæorum. Cum gratiâ et privilegio. *Coloniæ , impensis Petri Quentell , anno* 1534, *mense Martio.*

On trouve avec ce volume :

D. Dionysii Carthusiani enarrationes piæ ac eruditæ in XII Prophetas minores , Oseam , Johelem , Amos , Abdiam , Jonàm , Michæam , Nahum , Abacuc , Sophoniam , Aggæam , Zachariam , Malachiam. Cum gratiâ et privilegio ad sexennium.

Coloniæ, expensis Johannis Soteris et Melchioris Novesiani. Anno 1533. mense Septembri.

On voit que ce volume contient deux ouvrages différens, dont le premier contient les Commentaires de Denis le Chartreux sur le Livre de Job, celui de Tobie, celui de Judith, celui d'Esther, les deux d'Esdras, et les deux des Machabées.

Le second contient d'abord une Epître dédicatoire en latin de Théodoric Loër, datée *ex domo Divæ Barbaræ Coloniensis Carthusiæ, anno 1533*, suivie de Commentaires du même Denis le Chartreux sur les douze Prophètes. On lit à la fin : *Coloniæ impensis Johannis Soteris et Melchioris Novesiani.*

N° 360. D. Dionysii Carthusiani eruditæ ac piæ enarrationes in Librum Job, Tobiæ, Judith, Hester, Esdræ, Nehemiæ, Machabæorum primum et II. à mendis, quibus scatuerunt antehac, plurimis, nunc summâ curâ vindicatæ. Inserto ejusdem D. Dionysii tractatulo de causâ diversitatis eventuum humanorum, ad instantiam reverendiss. D. Card. Nicolai Cusani edito. Cum Indice novo copiosiss. *Coloniæ, ex officinâ Joannis Quentel, tametsi inter excudendum defuncti, 1551. Cum gratiâ et privilegio Imperiali.*

C'est le tome 3 de la collection.

Le tome 4 manque, et j'ignore ce qu'il peut contenir, puisque les Prophètes occupent les tomes 8 et 9, ci-après.

N° 361. D. Dionysii Carthusiani insigne Com-

mentariorum opus , in Psalmos omnes Davidicos : quos ipse multiplici sensû quantùm fieri
potuit, nempè literali , allegorico , tropologico ,
et anagogico (id quod nemo hactenùs præstitit)
non nisi solidissimis sacræ Scripturæ locis , doctissimè explanat. Accedit ad hæc , ejusdem in
Matitunalia VII Cantica , in Magnificat quoque ,
Nunc dimittis , Benedictus , in Symbolum etiàm
fidei , Quicunque vult salvus esse , et in Hymnum
divinum , Te Deum laudamus , exactissima elucidatio. Præmissis ad singulos Psalmos orationi-
bus , doctis et piis : paucis verbis ferè potiorem
partem sensûs Psalmi exprimentibus , et summam
complectentibus. *Parisiis , apud Ambrosium Gi-*
rault. 1539.

C'est le tome 5 de la collection.

N° 362. D. Dionysii Carthusiani insigne Commentariorum opus , in Psalmos omnes Davidicos , *etc. comme ci-dessus , jusqu'à Parisiis*
apud Oudinum Parvum 1542.

Ce volume est relié avec le suivant:

D. Dionysii Carthusiani enarrationes piæ ac eruditæ in
quinque Libros Sapientiales, hoc est Proverbia , Ecclesiasten ,
Canticum Canticorum , Sapientiam , Ecclesiasticum. Parisiis ,
apud Joannem Foucher 1541.

N° 363. D. Dionysii Carthusiani insigne Com-
mentarium opus, in Psalmos omnes , *etc. comme*

ci-dessus jusqu'à Parisiis apud Johannem Lo-
doicum Tiletanum. 1542.

On voit que ce sont encore les Commentaires sur les
Pseaumes de David.

N° 364. D. Dionysii Carthusiani insigne, *etc.*
comme ci-dessus jusqu'à Parisiis, apud Pon-
cetum le Preux. 1542.

On voit que le même ouvrage a paru la même année
sous le nom de trois Imprimeurs ou Libraires différens;
et qu'il paraît le même que celui qu'avait publié un quatrième trois ans auparavant. En voici un cinquième sous
une autre année :

N° 365. D. Dionysii Carthusiani insigne, *etc.*
comme ci-dessus jusqu'à Parisiis, ex officinâ
Michaëlis Fezandat. 1547.

N° 366. D. Dionysii Carthusiani insigne opus
Commentariorum in Psalmos omnes Davidicos :
quos ille multiplici sensû, nempè literali, allegorico, tropologico et anagogico, quantùm fieri
potuit, non nisi solidissimis utriusque Testamenti
scripturis (id quod nemo præstitit hactenùs)
doctissimè explanat. Accessit ad hæc ejusdem in
VII Cantica matitunalia, quæ ex Veteri Test. ad
Laudes Ecclesia hebdomadatim usurpat : item in
tria ex novo S. Magnificat, Nunc dimittis, Benedictus : item in Symbolum fidei Athanasianum,
Quicunque vult salvus esse, et in divinum Hym-

num Te Deum laudamus, solidissima elucidatio. Subjectis ad singulos Psalmos oratiunculis doctis ac piis, potiorem ferè partem et veluti medullam Psalmi breviter compræhendentibus. Editio apud Coloniam tertia, summo studio ad archetypon Dionysianum rursùs collata, et à mendis plurimis haud vulgaribus, quibus vel laboravit antehàc, vel quæ extrà Germaniam ei inspersa fuerunt, sedulò vindicata : collatore studioso, si cum editione gallicâ, anno 1553 factâ, hanc diligenter conferre voluerit, primâ statim fronte liquidò hoc ipsum ac facilè depræhensuro. Cum Indice rerum ac verborum novo longè copiosissimo, longèque magis ac vetus digesto. *Coloniæ, apud hæredes Joannis Quentelii et Gervinum Calenium. Anno* 1558. *Cum gratiâ et privilegio Imperiali in quinquennium.*

Cette édition étant la dernière, paraît préférable aux précédentes, comme le titre l'annonce avec un long détail.

N° 367. D. Dionysii Carthusiani enarrationes piæ ac eruditæ in quinque Libros Sapientiales, hoc est Proverbia, Ecclesiasten, Canticum Canticorum, Sapientiam, Ecclesiasticum. *Parisiis, apud Ambrosium Girault.* 1541.

On voit que ce volume ne diffère de celui que j'ai décrit au N° 364, comme relié avec un autre, que par le nom du Libraire. C'est le tome 6 de la collection.

N° 368. D. Dionysii Carthusiani enarrationes piæ ac eruditæ in quinque Libros Sapientiales , hoc est Proverbia , Ecclesiasten , Canticum Canticorum , Sapientiam , Ecclesiasticum , à mendis propè innumeris , quibus scatuerunt antehàc , nunc sedulò vindicatæ : id quod diligenti editionum hujus secundæ et prioris collatori , res ipsa facilè , dum nisi conferre non pigeat , ostendet. Cum Indice rerum ac verborum locupletissimo , in gratiam eorum qui neque legere , neque lecta meminisse per occupationes omnia possunt , nunc primùm operâ Bart. Laurentis, studiosè aggesto. *Coloniæ , ex officinâ Joannis Quentel , anno Christi nati* 1555 , *mense Februario. Cum gratiâ et privilegio Imperiali in quinquennium.*

Cette édition perfectionnée du N° précédent , vaudrait mieux pour faire le sixième tome de la collection.

Le tome 7 de cette collection , manque.

N° 369. D. Dionysii Carthusiani enarrationes piæ ac eruditæ in IIII Prophetas majores , Esaiam , Hieremiam , Ezechielem , Danielem. Cum gratiâ et privilegio. *Coloniæ , expensis Petri Quentell. Anno* 1534. *mense Martio.*

A la fin du volume se trouve un *Dicolon distrophon ,* ou pièce de vers latins de Nicolas Ischius , en l'honneur des commentaires précédens.

C'est le tome 8 de la collection ; mais il serait avantageusement suppléé par le suivant qui est postérieur.

N° 370. D. Dionysii Carthusiani enarrationes piæ ac eruditæ in quatuor Prophetas (quos vocant) majores : Isaïam , Jeremiam , ejusque threnos , et Baruch , Ezechielem , Danielem , recèns ad archetypa ipsa , quantùm fieri potuit , recognita : id quod studiosus lector facilè animadvèrtat. *Coloniæ , ex officinâ hæredum Johannis Quentel, mense Martio.* 1557. *Cum gratiâ et privilegio Imperiali.*

Ce volume, s'il était relié, rendrait inutile le N° 372 qui est ici relié avec l'ouvrage précédent , et qui est absolument la même édition des Commentaires sur les douze petits Prophètes , datée de Cologne 1549.

N° 371. *Même édition des Commentaires sur les quatre grands Prophètes, de Cologne* 1557 , *reliée avec le volume suivant.*

D. Dionysii Carthusiani enarrationes piæ ac eruditæ in duodecim Prophetas (quos vocant) minores : Oseam , Johelem , Amos , Abdiam , Jonam , Michæam , Nahum , Abacuc , Sophoniam , Aggæum , Zachariam , Malachiam : longè politiùs ac diligentiùs , et id quidem juxtà verum originale , quàm priùs editæ. *Coloniæ , apud Gervinum Calenium , et hæredes Joannis Quentel , anno Christi nati* 1568. *Cum gratiâ et privilegio Imperiali.*

N° 372. D. Dionysii Carthusiani enarrationes piæ

ac eruditæ in duodecim Prophetas (quos vocant) minores : Oseam , Johelem , Amos , *etc.*

Comme ci-dessus , avec la date de 1549 , et derrière le frontispice un portrait de Denis le Chartreux à genoux devant la Sainte Vierge , et au-dessous des vers latins par *Bartholomæus Laurens Novimagensis.* Le titre diffère du précédent non seulement par la date , mais encore parce qu'au lieu d'Abacuc on y lit Abacuk.

C'est le tome 9 de la collection. L'édition est différente de celle dont j'ai donné le frontispice et la description sous le N° 359. L'*Index* de celle-ci , qui est de 1549 , est différent ; il est même postérieur à l'autre , et perfectionné. La dédicace de 1533 , qui est à l'édition décrite au N° 359 , manque ici.

N° 373. *Un volume sans frontispice et sans Table des Matières , mais où les Commentaires sont cependant complets , à la fin duquel on lit :* Finiunt enarrationes præclaræ Divi Dionysii Carthusiani (ex cujus ore melle dulcior profluit oratio) in quatuor Evangelistas , à doctissimis viris in hunc usque diem vehementer desideratæ , ac nunc demùm , summo studio , extremâ quoque et infallibili diligentiâ excusa. *Coloniæ , per honestum virum Petrum Quentell. Anno à natali Christiano* 1533. *mense Septembri.*

N° 374. D. Dionysii Carthusiani , in quatuor Evangelistas enarrationes , præclaræ admodùm , et ab eruditissimis optimisque viris quàm diutissimè desideratæ ,

desideratæ , atque nunc ex alterâ : eâque diligentissimâ ad archetypon recognitione, sublatis mendis quibus scatebant pluribus , quàm diligentissimè excusæ. *Parisiis , in ædibus Joannis Parvi.* 1536.

Cette édition est postérieure à la précédente , puisqu'on y lit à la fin : *Parisiis anno à natali Christo 1536. mense Junii.*

N° 375. D. Dionysii Carthusiani , in quatuor Evangelistas , *etc.*

Comme ci-dessus, avec la même date. Seulement au lieu de *Joannis Parvi* , il y a *Claudii Chevallon.* La gravure même du frontispice n'a d'ailleurs aucune différence , et la fin est absolument la même. Peut-être l'Imprimeur *Joannes Parvus* , Jean Petit, était-il l'associé de Claude Chevallon.

N° 376. D. Dionysii Carthusiani , in quatuor Evangelistas enarrationes , præclaræ admodùm , et ab eruditissimis optimisque viris quàm diutissimè desideratæ , atque nunc ex alterâ , *etc. comme ci-dessus jusqu'à* excusæ. *Parisiis , apud Gervasium Chevallonium , anno* 1539.

Cette date est répétée à la fin, avec celle du mois de Janvier , tandis que la précédente était du mois de Juin ; ce qui annonce une réimpression.

N° 377. D. Dionysii Carthusiani in quatuor

Evangelistas enarrationes, præclaræ admodùm, et ab eruditissimis optimisque viris quàm diutissimè desideratæ : atque nunc ex alterâ, *etc. comme ci-dessus jusqu'à* excusæ. *Parisiis, apud Oudinum Parvum.* 1541.

Cette date est répétée à la fin avec le nom de l'Imprimeur Michel Fezandat, ce qui annonce une seconde réimpression.

N° 378. **D.** Dionysii Carthusiani in quatuor Evangelistas enarrationes, præclaræ admodùm, et ab eruditissimis optimisque viris quàm diutissimè desideratæ : atque nunc ex tertiâ, eâque diligentissimâ ad archetypon, *etc. comme ci-dessus jusqu'à Parisiis, apud Johannem Roigny.* 1542.

La même date est à la fin avec le nom de l'Imprimeur *Joannes Lodoicus Tiletanus.*

C'est le tome 10 de la collection.

N° 379. *Id. apud Poncetum le Preux. Même année.*

Le nom de cet Imprimeur est la seule différence du frontispice, et le reste du volume est le même que le précédent.

N° 380. **D.** Dionysii Carthusiani, in omnes beati Pauli Epistolas commentaria, cui quidem in componendis sacrarum literarum libris vix alter similis successit. Cum gratiâ et privilegio. *Coloniæ , apud Petrum Quentell. Anno* 1532.

On lit à la fin : *Coloniæ , impensis suis propriis Petrus Quentell excudebat 1532 sexto Idus Martias.*

C'est le livre le plus anciennement imprimé, de Denis le Chartreux.

N° 381. D. Dionysii Carthusiani , in omnes beati Pauli Epistolas commentaria , cui quidem in componendis sacrarum literarum libris vix alter similis successit. Cum gratiâ et privilegio. Ex alterâ recognitione. *Coloniæ , apud Petrum Quentell. Anno* 1533. *mense Septembri. Il y a* 140 *feuillets , à la fin duquel on lit : Coloniæ impensis suis propriis Petrus Quentell excudebat , anno Virginei partus* 1533 *mense Augusto.*

Cette date du mois d'Août est postérieure à celle du frontispice qui est du mois de Septembre. Toutes deux prouvent que, comme l'annonce le titre , cette réimpression est postérieure à l'impression précédente.

On trouve ensuite avec une pagination différente, mais sans frontispice , les commentaires du même Auteur sur les Epîtres canoniques , les Actes des Apôtres, l'Apocalipse , et quelques Himnes , avec la date de 1533 à la fin ;

je décrirai ci-après plus en détail cette même édition reliée
à part, au N° 388.

N° 382. D. Dionysii Carthusiani in omnes beati
Pauli Epistolas commentaria. Cui quidem in componendis enarrandisque sacrarum literarum libris,
(si singula spectes) pari ingenio dexteritateque
vix alter successit. Ejusdem, in VII Epistolas
canonicas, Acta Apostolorum, Apocalypsim,
et Hymnos ecclesiasticos, non minùs piæ quàm
eruditæ enarrationes. *Parisiis, apud Joannem
Parvum.* 1537.

Malgré ce qu'annonce le titre, on ne trouve dans ce
volume que les commentaires sur les Epîtres de Saint Paul,
et à la fin : *Parisiis excudebat Joannes Lodoicus Tiletanus.*
1537. Mais le volume décrit sous le N° précédent renferme, à la vérité sous une date antérieure, ce que promet le
titre de celui-ci.

N° 383. D. Dionysii Carthusiani in omnes beati
Pauli Epistolas commentaria. Cui, *etc. comme
au N° précédent jusqu'à* enarrationes. *Parisiis,
apud Ambrosium Girault.* 1539.

Il n'y a ici, comme au N° précédent, que les commentaires sur les Epîtres de Saint Paul, et à la fin : *Parisiis
anno ab Incarnatione Domini 1539.*

Au lieu de relier avec ce volume, ce qui se trouve au
N° 381 sous une autre date, et qui, suivant le titre, de-

vrait aller avec celui-ci, comme on le verra ci-après au
N° 389, le relieur y a placé un autre ouvrage avec ce
titré :

*Elucidatorium Ecclesiasticum, àd officium Ecclesiæ perti-
nentia planiùs exponens : et quatuor Libros complectens. Primus, Hymnos de tempore et Sànctis per totum anni spacium,
adjectâ explanatione, declarat. Secundus, nonnulla Cantica
Ecclesiastica, Antiphonas et Responsoria : unà cum benedic-
tionibus Candelarum, Cærei Paschalis et Fontium : familia-
riter explanat. Tertius, ea quæ ad Missæ pertinent officium,
præsertim Præfationes et sacrum Canonem, breviter explicat.
Quartus, Prosas quæ in sancti Altaris sacrificio ante Evangelium dicuntur, tàm de tempore quàm de Sanctis, facili anno-
tatione dilucidat. Tertia editio. Parisiis. Apud Poncetum le
Preux. 1540. Et à la fin : Anna Domini nono et trigesimo
suprà sesquimillesimum. Die verò Decembris octavâ.*

Ce livre, qui n'est point de Denis le Chartreux, et qui
contient en plus grande partie des commentaires sur les
Himnes par *Judocus Clichtoveus, Neoportuensis*, en latin,
n'appartient point à cette classe, et sera décrit ci-après
relié séparément, dans la section dont il fait partie.

N° 384. D. Dionysii Carthusiani in omnes beati
Pauli Epistolas commentaria. Cui, *etc. comme
aux deux numéros précédens jusqu'à* enarrationes. *Parisiis. Apud Audoenum Parvum.* 1543.
*Et à la fin Excudebat Michael Fezandat Pa-
risiis anno ab Incarnatione Domini* 1543.

Rien ne manque dans cet exemplaire, où la seconde

partie se trouve avec ce titre : *D. Dionysii Carthusiani VII Epistolas canonicas, Jacobi I, Petri II, Joannis III, Judæ I. Ejusdem in Acta Apostolorum, Apocalypsim, Hymnos Ecclesiasticos piæ ac eruditæ enarrationes. Parisiis apud Joannem Parvum. 1540. mense Maio.*

N° 385. D. Dionysii Carthusiani in omnes B. Pauli Epistolas commentaria. Cui quidem in componendis enarrandisque, *etc. comme aux trois numéros précédens jusqu'à* enarrationes. *Parisiis, apud Audoënum Parvum.* 1548, *et à la fin : Excudebat Benedictus Prævost, typographus.* 1548.

Rien ne manque encore dans cet exemplaire, où la seconde partie a pour titre : *D. Dionysii Carthusiani, in Catholicas septem Epistolas, piæ ac eruditæ admodùm enarrationes. Ejusdem Commentarii doctissimi, in Acta Apostolorum, Apocalypsim, ac Hymnos ecclesiasticos. Omnia accuratiùs diligentiùsque quàm antehac recognita fuere. Parisiis, apud Audoënum Parvum.* 1548. Et à la fin *Excudebat,* etc. comme ci-dessus.

N° 386. D. Dionysii Carthusiani in omnes beati Pauli Epistolas commentaria. Cui, *etc. comme dans les numéros précédens jusqu'à* enarrationes. *Parisiis. Apud viduam Guillelmi le Bret.* 1551.

La seconde partie s'y trouve avec ce titre : *D. Dionysii Carthusiani in VII Epistolas canonicas, Jacobi I. Petri II.*

Joannis III. Judæ I. Ejusdem in Acta Apostolorum, Apocalypsim, Hymnos Ecclesiasticos. Omnia accuratiùs diligentiùsque quàm antehac recognita fuere. Parisiis, apud Carolum Perier. 1551. Et à la fin : *Parisiis excudebat Robertus Massellin. 1551. mense Octobri.* Cette fin ne se trouve point à la première partie.

C'est le tome XI de la collection. Le tome XII manque, à moins qu'il ne soit cette seconde partie reliée séparément, comme on la trouvera dans l'exemplaire côté N° 388.

Nº 387. D. Dionysii Carthusiani in omnes beati Pauli Epistolas, *etc. comme dans les numéros précédens jusqu'à* enarrationes. *Parisiis. Apud Carolum Guillard. 1551.*

La seconde partie s'y trouve aussi avec le même titre que dans l'exemplaire précédent jusqu'à *Parisiis, apud Carolum Guillard, viduam Claudii Chevalloni. 1552.* Et à la fin : *Parisiis, excudebat Robertus Massellin 1551. mense Octobri.* On voit par cette fin que l'édition est la même que la précédente, de laquelle elle ne diffère que par le frontispice.

Nº 388. D. Dionysii Carthusiani in Epistolas omnes Canonicas, in Acta Apostolorum, et in Apocalypsim, piæ ac eruditæ enarrationes. Cum gratiâ et privilegio. *Coloniæ, expensis Petri Quentell anno 1533. mense Septembri.* On lit à la fin : *Coloniæ in ædibus Quentelianis, anno Virginei partûs 1533. mense Aprili.*

Cette date de 1533 qu'on retrouve à la fin, prouve que cette édition est la même que celle qui a été décrite sans frontispice au N° 381 , mais reliée à part.

N° 389. D. Dionysii Carthusiani in VII Epistolas canonicas. Jacobi I. Petri II. Johannis III. Judæ I. Ejusdem in Acta Apostolorum , Apocalypsim , Hymnos Ecclesiasticos piæ ac eruditæ enarrationes. *Parisiis , apud Ambrosium Girault.* 1539. *Et à la fin : Commentariorum in Hymnos finis. Parisiis* 1539.

On voit que ce volume est le même que celui qu'annonce le frontispice du N° 383.

N° 390. D. Dionysii Carthusiani , Epistolarum ac Evangeliorum Dominicalium totiûs anni enarratio , adjunctis Homiliis et Sermonibus variis, tàm ad plebem , quàm ad religiosos, admirandâ ac planè obstupendâ eruditione præclaris. Habes, candide lector , hoc totum opus ab innumeris , quibus prima scatebat æditio , mendis (quantùm humana potuit sedulitas) repurgatum. Pars prima Sermonum de tempore. *Parisiis. Apud Joannem Roigny.* 1544.

Ce volume est le même que le suivant quant au sujet, mais non quant à l'impression qui est évidemment postérieure et qui paraît meilleure. Mais il manque à cet exemplaire une seconde partie qui en devait faire le second volume , comme on va le voir au N° 392.

N.ºs 391 , 392. Ejusdem Sermones. *Tomes* 1 *et* 2.

Le premier volume est le même que le précédent, mais d'une autre édition. L'exemplaire de ces deux volumes est défectueux , puisque ni l'un ni l'autre n'a de frontispice, et que la dernière page manque aussi : les six premiers feuillets du premier volume sont déchirés ; cependant ces deux volumes sont les tomes 13 et 14 de la collection. Le second porte au commencement du premier feuillet : *D. Dionysii Carthusiani Homiliarum ac Sermonum tomus secundus , de Sanctis.*

Les tomes 15 et 16 manquent. Je conjecture que ce peuvent être les Opuscules qui appartiennent aux sections suivantes , mais que je vais décrire pour compléter les Œuvres de Denis le Chartreux ; et le volume contre Luther décrit par de Bure au N° 615 de sa Bibliographie instructive.

N° 393. Opuscula insigniora D. Dionysii Carthusiani Doctoris Ecclesiastici , de omnium Ordinum sive statuum institutione , prolapsione , ac reformatione , multiplici cum eruditione tum pietate referta , atque nunc ex innumeris ejus lucubrationibus in corpus unum magno studio et judicio selecta et digesta, ac ab innumeris mendis repurgata. His accesserunt ejusdem D. Dionysii libelli duo , de Regulis et Doctrinâ vitæ christianorum , nunquàm antehac typis excusi, et diù desiderati. *Coloniæ Agrippinæ. Apud Joan-*

nem Birckmannum juniorem. Anno post natum Christum 1559.

N° 394.   S. Dionysii Areopagitæ martyris, Episcopi Athenien. et Gallorum Apostoli, opera (quæ quidem extent) omnia, quintuplici translatione versa, et commentariis D. Dionysii à Rikel Carthusiani nunc iterùm diligentissimè editis elucidata. Ab innumeris, quibus antehàc scatebant, mendis sedulò vindicata. Quibus accessit Michaelis Syngeli presbyteri Hierosolymitani præclarum in S. Dionysium Areopagitam encomium, cum aliis quibusdam lectû non indignis. Cum tribus indicibus, quorum ratio suis locis reddita, studiosis non displicebit. Præter appendices omnes editionis prioris : quarum omnium ipse voluminis hujus processus, lectorem abundè certiorem reddet. *Coloniæ, ex officinâ hæredum Joannis Quentel, anno Christi nati* 1556. *mense Januario. Cum gratiâ et privilegio Cæsareæ Majest. per quinquennium.*

Ce volume, qu'on voit être une seconde édition de Denis l'Aréopagite, commenté par Denis le Chartreux, est décrit par de Bure, mais non de cette édition. C'est le tome 17, et vraisemblablement le dernier des Œuvres de Denis le Chartreux.

8°. *Thomas de Vio, dit le Cardinal Caietan.*

Comme les Œuvres de ce Commentateur ont été réunies non seulement par le relieur, comme celles de Denis le Chartreux, mais par l'Editeur, et comme il a aussi commenté toute la Bible, je le placerai ici, en suivant l'ordre des matières pour les volumes qui ont paru séparément.

N° 395. Commentarii illustres planèque insignes in quinque Mosaicos Libros Thomæ de Vio, Caietani quondàm Cardinalis Sancti Xisti : adjectis insuper ad marginem annotationibus à F. Antonio Fonseca Lusitano, quibus temporum et locorum ratio, tropi, phrases, locique intellectû difficiles explicantur. Accessit rerum maximè insignium Index copiosissimus. *Parisiis, apud Joannem Boulle.* 1539.

On trouve dans ce volume plusieurs mots imprimés en caractères hébreux.

N° 396. *Idem. Parisiis, apud Joannem Parvum.* 1539.

Cette date de 1539 est corrigée à la main dans cet exemplaire où on lit 1569. Mais l'altération est évidente, et l'édition est certainement la même, si l'on en excepté le changement fait au frontispice.

N° 397. Psalmi Davidici ad Hebraicam veritatem castigati : et juxtà sensum quem literalem dicunt enarrati, per reverendissimum Dominum, Dominum Thomam de Vio Caietanum Cardinalem Sancti Xisti : cum textû Vulgatæ editionis, et indicibus opportunis. Rursùs in lucem editi. *Ære et accuratione Jodoci Badii, Joannis Parvi et Joannis Roigni.* 1532.

La préface de l'Imprimeur *Jodocus Badius Ascensius* apprend que la première édition de cet ouvrage avait paru à Venise. Ce volume et celui numéroté 399 sont les plus anciennement imprimés que nous ayons de l'Auteur. On trouve à la fin : *Sub prelo Ascensiano rursùs ad Idus Januarias anni calculo Ro. 1532.*

N° 398. Psalmi Davidici ad Hebraicam, *etc. comme au N° précédent jusqu'à editi. Parisiis, apud Poncetum le Preux. 1540; et rien à la fin.*

Il n'y a point d'autre préface dans cette édition, que celle du Commentateur.

N° 399. Evangelia cum commentariis. Reverendissimi Domini Domini Thomæ de Vio, Caietani, Cardinalis Sancti Xisti, in quatuor Evangelia et Acta Apostolorum ad Græcorum codicum veritatem castigata, ad sensum quem vocant literalem commentarii : cum indicibus opportunis. Recens in lucem editi. *Apud Jod. Badium Ascensium. et Joan. Parvum, et Joannem Roigny.* 1532. *On lit à la fin : Sub prelo Ascensiano, anno Domini* 1532. *mense Maio.*

Le frontispice de cet exemplaire représente les presses d'Ascensius.

N° 400. *Même ouvrage et même édition, avec le chiffre de Jean Petit, gravé au frontispice, au lieu des presses d'Ascensius.*

N° 401. Evangelia cum commentariis. Reverendissimi, *etc. comme dans les deux numéros précédens jusqu'à* editi. *Vænundantur Parisiis Ambrosii Girault.* 1536. *Et à la fin :* Commentariorum Thomæ de Vio Caietani, Cardinalis Sancti Xisti in quatuor Evangelista et Acta Apostolorum, per Joannem Danielis S. D. N. pp. pœnitentiarium ac authoris operis alumnum diligenter recognitorum, finis. *Sub prælo Guillermi de Bossozel, anno Domini* 1536. *mense Maio.*

N° 402. Evangelia cum commentariis. Reverendissimi, *etc. comme dans les trois numéros précédens jusqu'à* editi. *Veneunt in œdibus Joannnis Parvi.* 1540.

La lettre *n* se trouve triple au mot *Joannis* comme on le voit ici dans ce frontispice, et à la fin on lit : *Commentariorum*, etc. jusqu'à *finis*, comme dans le numéro précédent et avec la répétition de la faute *Evangelista* au lieu d'*Evangelistas*, mais sans date.

N° 403. Epistolæ Pauli et aliorum Apostolorum ad Græcam veritatem castigatæ, et per Reverendissimum Dominum Dominum Thomam de Vio, Caietanum, Cardinalem Sancti Xisti, juxtà sensum literalem enarratæ. Recens in lucem editæ. *Apud Jod. Badium Ascensium. Et Joan. Parvum. Et Joannem Roigny.* 1532. *Et à la fin : Sub prelo Ascensiano, mense Maio, anno Domini* 1532.

N° 404. Epistolæ Pauli et aliorum, *etc. comme dans le numéro précédent jusqu'à* editæ. *Vænundantur Parisiis à Guillermo de Bossozel.* 1536.

L'auteur date son ouvrage à la fin de Gaëte, le 17 Août 1529, l'an 61 de son âge, et on lit ensuite : *Commentariorum Thomæ de Vio Caietani Cardinalis Sancti Xisti in Epistolas omnes Pauli et canonicas, per Joannem Danielis S. D. N. pp. pœnitentiarium et authoris operis familiarem summo studio recognitorum : finis.* A-peu-près comme aux numéros 401 et 402.

On retrouvera ci-après, au N° 447, cette même édition avec la date de 1537 au frontispice.

N° 405. Epistolæ Pauli et aliorum, *etc. Même édition et même date ; mais le nom du Libraire de Paris est Ambroise Girault, comme au N° 401.*

N° 406. Epistolæ Pauli et aliorum, *etc. comme dans les trois numéros précédens jusqu'à* editæ. *Vænundantur Parisiis à Joanne Parvo.* 1540. *Et à la fin* Commentariorum, *etc. comme au N° 404.*

L'auteur avoue à la fin qu'il n'a pu commenter l'Apocalipse suivant le sens littéral, et il renvoie ce travail à celui que Dieu en aura rendu capable.

N°ˢ 407 – 411. Thomæ de Vio Caietani tituli S. Sixti presbyteri Cardinalis eminentissimi opera omnia quotquot in sacræ Scripturæ expositionem reperiuntur. Curâ atque industriâ insignis Collegii S. Thomæ Complutensis, ordinis Prædicatorum. *Lugduni, sumpt. Jacobi et Petri Prost.* 1639. 5 *vol. in-folio.*

Tel est le frontispice du premier volume qui est très-bien gravé, et qui contient les commentaires sur le Pentateuque. Le second est intitulé : *RR. DD. Thomæ de Vio Caietani tituli S. Xixti presbyteri Cardinalis eminentissimi, in omnes authenticos Veteris Testamenti historiales libros, et Job, com-*

mentarii nunc denuò recogniti, notis marginalibus tùm rerum ;
tùm versiculorum exornati, et Indice rerum et verborum illus-
trati. Tomus secundus. Lugduni, sumptibus Jacobi et Petri
Prost. 1639. Chacun des trois volumes restans a de même
son frontispice particulier, tous avec la même date ; ils
commentent, savoir : le second, comme on vient de le
voir, les Livres historiques de l'Ancien Testament, qui
sont autentiques, et le Livre de Job ; le troisième, les Psaumes, les Paraboles de Salomon, et l'Ecclésiaste, avec les
trois premiers chapitres d'Isaïe ; le quatrième, les quatre
Évangiles et les Actes des Apôtres ; le cinquième, les Epîtres de Saint Paul et des autres Apôtres. On y a joint l'ex-
position littérale par le même Auteur, de plusieurs senten-
ces remarquables du Nouveau Testament, avec une réponse
aux censures de seize articles, publiées sous le nom des
Théologiens de Paris.

On voit que le Cardinal Caietan a commenté presque
toute la Bible, si l'on en excepte l'Apocalipse entière et
la presque totalité des Prophètes.

9°. *Guillaume Estius.*

N° 412. Guilielmi Estii S. Theologiæ Doctoris
et in Academiâ Duacensi primarii Professoris,
ejusdem Universitatis Cancellarii, regiique bonorum pastorum Seminarii præsidis ; annotationes
in præcipua ac difficiliora sacræ Scripturæ loca.
Tertia editio, ex ipsiûs authoris scriptis plurimùm
aucta ; in quâ quid præstitum sit, præfatio ad
lectorem

lectorem docebit. *Antverpiæ , apud Hiero-*
nymum Verdussium. 1652. *Cum privilegio*
Regis.

La préface de Gaspard Nemius apprend que la première
édition de cet ouvrage fut publiée à Douai, et la seconde à
Cologne en 1622.

N° 413. In omnes beati Pauli et aliorum Apostolorum Epistolas commentaria. Authore D. Guil-
lelmo Estio, S. Theologiæ Doct. et in Academiâ Duacenâ primario Professore , ejusdem Universitatis Cancellario : necnon D. M. N. Bartho-
lomæi Petri , S. Theol. Doctoris ac Professoris
primarii , in partem primæ , ac secundam et ter-
tiam Joannis , clarissimæ elucidationes. Cum Indice rerum memorabilium locupletissimo. *Parisiis ,*
apud Jacobum Quesnel. 1653. *Cum privile-*
gio et approbatione. 2 *volumes in-folio.*

Le frontispice du second volume , qui commence après la
page 588 , et qui est relié avec le premier , est daté de
1652 , quoique la pagination continue celle du tome premier. Cette singularité est facile à comprendre pour ceux
qui savent que le frontispice d'un ouvrage est ordinaire-
ment la dernière chose que l'on imprime. Le frontispice
dans les deux tomes porte une corbeille de fleurs gravée.

N° 414. *Même ouvrage , excepté qu'au lieu de*
la corbeille de fleurs , le frontispice du pre-

I

mier tome porte deux tourterelles gravées. Du reste celui-ci est daté de 1653, et celui du second, de 1652, comme dans l'exemplaire précédent.

N° 415. Guilielmi Estii S. Theologiæ Doctoris et in Academiâ Duacensi primarii Professoris, ejusdem Universitatis Cancellarii, regiique bonorum pastorum Seminarii præsidis, annotationes in præcipua àc difficiliora sacræ Scripturæ loca. Quinta editio, ex ipsiûs authoris scriptis plurimùm aucta ; in quâ quid præstitum sit, præfatio ad lectorem docebit. *Parisiis, sumptibus Joannis Guignard, Thomæ Moëtti, Petri Aubouyn, Petri de Launay, 1684. Cum privilegio Ludovici Magni.*

On lit à la fin que le privilège de cet ouvrage a été donné à Fédéric Léonard, Imprimeur, qui l'a cédé à Jean Guignard, Thomas Moette, Pierre Aubouyn, et la veuve Jean Huart. Ainsi, des quatre Libraires dont le nom est désigné au frontispice, le dernier a été substitué à celui de la veuve Jean Huart, et effectivement le nom de Pierre de Launay a été évidemment collé sur un autre dans cet exemplaire.

N°s 416, 417. Absolutissima in omnes beati Pauli et septem Catholicas Apostolorum Epistolas commentaria tribus tomis distincta. In quibus

genuinus litteræ sensus solidè et perspicuè traditur : hæreses tùm novæ , tùm veteres doctissimè
refutantur : mores denique variâ et exquisitâ eruditione formantur. Auctore Dn. Guilielmo Estio
SS. Theolog. Doctore, et in Academiâ Duacenâ
Professore primario , ejusdemque Universitatis
Cancellario. Accedunt huic novissimæ editioni ,
præter commodiorem totiûs operis dispositionem ,
et accuratam recognitionem , textus sacer clemen-
tinæ editionis : annotationes locorum commu-
nium ad fidem et mores pertinentium. Nec-non
Index novus ad lectorum et in primis conciona-
torum usum commodissimus. Studio et operá
Jacobi Merlo-Horstii , S. Theol. lti. *Parisiis ,*
apud Federicum Leonard , Regis , Seranis-
simi Delphini , et Cleri Gallicani typogra-
phum. 1679. *Cum privilegio et approbatione.*
Trois volumes in-folio reliés en deux.

Les deux derniers ont un frontispice dont le titre est
moins détaillé. La pagination est toujours la même en con-
tinuant d'un volume à l'autre : le second commence après
la page 578 du premier, et le troisième après la page 1056
du second. Ce commentaire sur les Epîtres de Saint Paul ,
passe pour le meilleur sur cette partie de l'Ecriture Sainte ,
suivant de Bure qui en parle au N° 154 de sa Bibliographie , d'après l'édition de Rouen 1709 qui doit être infé-
rieure à celle-ci.

N° 418. Guilielmi Estii S. Theologiæ Doctoris, *etc. comme au N° 412 jusqu'à* Scripturæ loca. Nova editio correctior omnibus præcedentibus, ob adjunctos Indices concionum et controversiarum in editione Parisiensi omissos et in editione Francofurtensi, additiones quæ erant ponendæ suis locis, in hâc impressione sunt suis locis insertæ. *Antverpiæ, apud Joannem Baptistam Verdussen.* 1682.

Cette édition paraît supérieure à celle de 1652.

10° *Jean Leclerc.*

N° 419. Genesis sive Mosis Prophetæ liber primus. Ex translatione Joannis Clerici, cum ejusdem Paraphrasi perpetuâ, Commentario philologico, Dissertationibus criticis quinque, et Tabulis chronologicis. Editio secunda, auctior et emendatior. *Amstelodami, apud Henricum Schelte,* 1710.

Bonne édition, ne fesant qu'un seul corps d'ouvrage avec les volumes suivans.

N° 420. Mosis Prophetæ libri quatuor; Exodus, Leviticus, Numeri, et Deuteronomium, ex translatione Joannis Clerici. Cum ejusdem Paraphrasi perpetuâ, Commentario philologico, Dissertationibus criticis, et Tabulis chronologicis ac geographicis. Editio nova auctior et emendatior. *Amstelodami , apud Henricum Schelte ,* 1710.

Les cartes placées à la fin de ce volume, sont bien gravées.

N° 421. Veteris Testamenti libri historici, Josua, Judices, Rutha, Samuel, Reges, Paralipomena, Esdras, Nehemias et Esthera ; ex translatione Joannis Clerici; cum ejusdem Commentario philologico , dissertationibus criticis , et Tabulis chronologicis. *Amstelodami , apud Henricum, Schelte ,* 1708.

N° 422. Veteris Testamenti Prophetæ, ab Esaia ad Malachiam usque , ex translatione Joannis Clerici : cum ejusdem Commentario philologico, et Paraphrasi in Esaiam , Jeremiam, ejus Lamentationes et Abdiam ; Dissertatione Joh. Smith de Prophetiâ et ipsiûs auctoris de Poesi Hebræorum. *Amstelædami , apud R. et J. Wetstenios et Gul. Smith.* 1731.

Il faut consulter l'errata à la fin du volume.

N° 423. Veteris Testamenti libri hagiographi , Jobus, Davidis, Psalmi, Salomonis Proverbia,

Concionatrix et Canticum Canticorum ; ex transᵃ latione Joannis Clerici ; cum ejusdem Commentario philologico in omnes memoratos libros , et Paraphrasi in Jobum ac Psalmos. *Amstelœdami , apud R. et J. Wetstenios et Gul. Smith.* ·17̇31.

Ce volume est sans errata.

N° 424. Harmonia Evangelica cui subjecta est Historia Christi ex quatuor Evangeliis concinnata. Accesserunt tres dissertationes de annis Christi , deque concordiâ et auctoritate Evangeliorum , auctore Joanne Clerico. *Amstelodami , sumptibus Huguetanorum ,* 1699.

Ce volume a un frontispice très-bien gravé par A : de Blois , d'après Philippe Tiedeman. De tous ces volumes de le Clerc, celui-ci est le seul dont parle de Bure ; et il le date de 1700 , conséquemment d'une année trop tard. Voyez le N° 83 de sa Bibliographie.

N° 425. Novum Testamentum Domini Nostri Jesu Christi , ex versione Vulgatâ , cum paraphrasi et adnotationibus Henrici Hammondi. Ex Anglicâ linguâ in Latinam transtulit , suisque animadversionibus illustravit , castigavit , auxit Joannes Clericus. Editio secunda multò emendatior , et adjectis , ex editione Gallicâ Novi Testamenti , adnotationibus selectis aliisque auc-

tíor. *Francofurti , apud Thomam Fritsch.*
1714.

On voit par le titre que cette édition est postérieure à
l'édition française du Nouveau Testament par le Clerc, la
seule dont parle de Bure.

N° 426. Epistolæ Sanctorum Apostolorum et
Apocalypsis S. Joannis, ex versione Vulgatâ ,
cum paraphrasi et adnotationibus Henrici Hammondi. Ex Anglicâ linguâ in Latinam transtulit ,
suisque animadversionibus illustravit , castigavit ,
auxit Joannes Clericus. Editio secunda emendatior et adnotationibus è Gallicâ Novi Testamenti
editione aliisque adjectis auctior. *Francofurti ,*
apud Thomam Fritsch. 1714.

▥1°. *Supplément aux Articles de Hugues de Saint Cher,*
Nicolas de Lira , et Cornelius à Lapide.

N° 427. *Supplément au* N° 134.

Ce volume n'est placé ici qu'à cause des dernières feuilles. Les premières feuilles , dont le commencement ne se
trouve point dans ce volume, sont le double du N° 135
jusqu'au *folio* 368. Mais on trouve ensuite la fin du N° 134
qui est défectueux en cette partie , puisqu'il finit au feuillet
392 , et que l'on trouvera ici les feuillets 393 — 399 , après
lesquels on lit : *Explicit tertia pars postillarum Domini Hu-*
gonis Cardinalis super Esaiam , impressa Parisiis typis et ca-

racteribus Petri Vidovæi. Impensis honestorum virorum Joannis Parvi, Egidii Gormontii, Ponceti le Preux, ac Petri Gaudoul. Anno 1500 et 32.

N.º 428. *Supplément au N.º 164.*

Ce volume est évidemment la suite de celui qui a été décrit au N.º 163, à la fin duquel on trouve la même marque d'un cœur avec l'étoile à droite, etc. Il n'y a point de frontispice, et la première page commence ainsi : *Incipit prohemium fratris Nicolai de Lyra Ordinis Fratrum Minorum in Epistolas Pauli.* Les grandes capitales sont peintes, et on lit à la fin de l'Apocalipse : *Divinum opus Biblie : totius Legis Christiane fundamentum omnibusque Christi fidelibus meo judicio quàm jucundum ac gratissimum : unà cum postillis excellentissimi sanctissime Theologie Professoris magistri Nicolai de Lyra Ordinis Sancti Francisci : necnon additionibus Domini Pauli Burgensis Episcopi ac replicis eximii viri divinis flosculis laureati magistri Mathie Dorinck præfati Ordinis Minorum : ad utilitatem et voluptatem perficere volentium ac omnipotentis Dei et intemerate ejus matris Virginis Marie gloriam et honorem per Johannem Syber summâ cum diligentiâ impressum feliciter finit.*

N.º 429. *Supplément au N.º 175.*

Le volume numéroté 176 est évidemment la suite de celui que je vais décrire, et dans la pâte duquel se trouve la tête de taureau.

Le premier feuillet du prologue manque ; mais l'exemplaire est d'ailleurs bien conservé. Les grandes capitales sont peintes en bleu et en rouge. On y trouve la Genèse et les Livres suivans jusqu'aux quatre Livres des Rois qui le terminent.

N° 430. *Suite du N° 267.* Commentaria in Acta Apostolorum Auctore R. P. Cornelio Cornelii à Lapide è Societate Jesu, olim in Lovaniensi, post verò in Romano Collegio sacrarum litterarum Professore. *Lugduni, sumptibus Jacobi et Matthæi Prost, fratrum.* 1627.

Dans le même volume on trouve relié : *Commentaria in Apocalypsin S. Johannis Apostoli, auctore R. P. Cornelio*, etc. comme ci-dessus.

N° 431. *Supplément au N° 308.* Commentaria in omnes Divi Pauli Epistolas. Auctore R. P. Cornelio Cornelii à Lapide, è Societate Jesu, olim in Lovaniensi, post in Romano Collegio sacrarum litterarum Professore. Ultima editio, aucta et recognita. Cum privilegio Cæsareo, et Regis Hispaniarum. *Antverpiæ, apud Jacobum Meursium. Anno* 1665.

Un nouveau cahier était déja préparé, contenant les Commentateurs incomplets, ou de Livres séparés de la Bible : mais de nouvelles instructions du Ministre de l'Intérieur prescrivant une forme différente pour le Catalogue qui devait être dressé, le travail a été suspendu. Ce qui en paraît ici suffit pour faire connaître la composition de notre Bibliothèque plus riche en anciennes impressions et en Livres de Théologie, qu'en ouvrages de Littérature agréable et en nouveautés. Mais les soins du citoyen Puy, Maire d'Avignon, à qui elle est à présent confiée, et qui s'en occupe avec le plus grand zèle, la rendront bientôt assez complète pour offrir un aliment, non seulement aux Amateurs des antiquités typographiques et aux Théologiens, mais encore à ceux qui désirent s'instruire en quelque genre que ce soit.

Avignon, 14 Floréal an 12.

FORTIA D'URBAN.

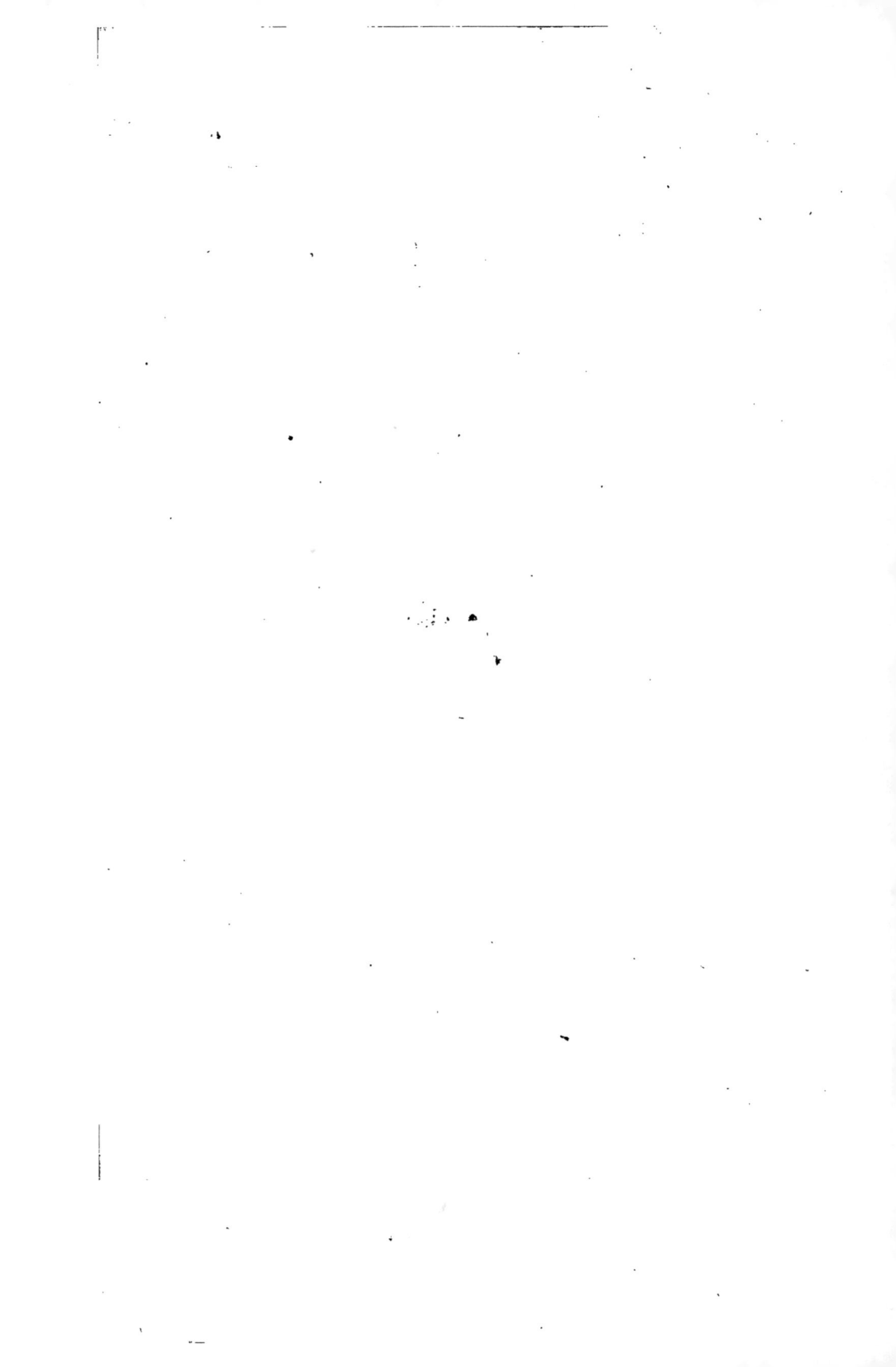

www.ingramcontent.com/pod-product-compliance
Lightning Source LLC
Chambersburg PA
CBHW072115090426
42739CB00012B/2981